方寸诸暨

章顺铁　编著

浙江人民美术出版社

章顺铁

1949年8月生，浙江省诸暨市人，大学文化。1968年入伍，在南京军区浙江舟山部队服役。退伍后，分配在浙江省第三地质大队工作。1977年就读于浙江化工学院，毕业回诸暨后，分配到诸暨自来水厂工作。1981年调至诸暨市环保系统环境监测站工作，任环保工程师职务，至2009年退休。

现为浙江省收藏协会会员，诸暨市收藏协会理事兼邮、卡、票证分会会长，诸暨市集邮协会会员，绍兴旅游文化联谊会副会长。

自20世纪90年代末起，热衷于票证的收藏与研究。至今已收集到由国内景区发行的风光旅游门券及各类邮卡超8万枚。

2000年10月，受邀由绍兴电视台专程采访录制了题为"方寸之间天地阔"的专题片。同年，在诸暨钱币协会藏品展览中，挑选了1万多枚旅游门票供诸暨博物馆展出。2011年12月，以"西施故里美丽诸暨"为主题，在西施故里旅游区展出了关于诸暨的票品。此外，在诸暨集邮协会邮展活动中，以"绿化与环保""中国十大名花"为主题，展示了邮品和票卡。

著有《藏·西施——让美走向世界》。

收藏文化见证历史
宜心悦境巧求新知
癸卯金秋钱汉东谨题

钱汉东，浙江诸暨人。文汇新民联合报业集团《新读写》杂志社社长、主编、编审，《文汇报》高级记者，上海钱穆研究会副会长，上海师范大学人文学院兼职教授。

前 言

　　方寸之地，有容乃大。诸暨为越国古都、西施故里，历史悠久，文化厚重，风光秀丽，物产丰富，经济发达，成就辉煌。古往今来，诸暨有许多值得纪念的人物、事物和风物，当它们浓缩在方寸大小的票品之中，可谓"见一叶而知深秋，窥一斑而见全豹"。

　　方寸之间，气象万千；方寸之心，情系诸暨。家乡诸暨的票证、邮票、信封、明信片、贺年卡等邮品丰富多样，还有烟卡、烟标、商标、火花、彩票、门票、书签、阅览券、兑奖券、扑克、月卡、百图卡、充值卡、节目单、宣传单等票证琳琅满目，数不胜数。借助方寸舞台，可以展示暨阳人物、名胜古迹、节日风韵、城市风貌、文体娱乐，还有校园景色以及"枫桥经验"等，展现诸暨的风采。

　　改革开放四十余年来，编者亲身经历了诸暨的变革和发展，心潮澎湃，感受深刻。鉴往知今，自信前行。

　　方寸之地，亦显天地之宽。唯此票品收藏，我情有独钟。数十年积累，坚持不懈；千百度寻觅，初心未改。个中滋味，有艰难、困苦、辛劳和无奈，但更多的是痴迷、沉醉、快乐和眷恋。

　　一生执着，半世心血。虽牵肠挂肚，但方寸未乱。而今，终于编成《方寸诸暨》，为自己的票品收藏心路作了最好的诠释，特此纪念，稍感欣慰。愿方寸之物，与君悦目！

目　录

凡　例　　　　　　　　　　　　　　　　　　　　　002

票证类　　　　　　　　　　　　　　　　　　　　　001

票据类　　　　　　　　　　　　　　　　　　　　　001
证书类　　　　　　　　　　　　　　　　　　　　　017

卡　类　　　　　　　　　　　　　　　　　　　　　035

票　类　　　　　　　　　　　　　　　　　　　　　045

邮品类　　　　　　　　　　　　　　　　　　　　　107

商　标　　　　　　　　　　　　　　　　　　　　　209

编后语　　　　　　　　　　　　　　　　　　　　　251

凡　例

一、本书收集范围为 1949 年 10 月 1 日至今，涉及诸暨相关的部分票、证、卡、券等纸质或塑料实物照片；

二、本书按照物品使用性质大致分为五个部分；

三、在同一类的编排中，大致按照社会影响力分类，然后按照时间顺序排列；

四、商标部分来源于 20 世纪 90 年代初浙江省评选刊载商标的剪报摘录，排列不分先后；

五、邮品部分仅按大类区分，不作品种分类。

票证类

中国的票证历史可谓一部浑厚凝重的中华民族创业史，是华夏子孙与贫穷、饥饿的抗争史，是囊括中国农业、商业、工业、服务业的发展史，也是中国计划经济体制时期的真实写照和见证。1949年，诸暨地方财政收入仅为291万元，至改革开放的1978年，该数字增加到2735万元，1989年、2001年和2013年分别破一亿、十亿和百亿，2018年达到137.80亿元，是1949年的4735倍，年均增长13.0%。[1] 诸暨的工业化进程集中在改革开放后的30年间，工业规模不断扩张，工业质量效益显著提高。

票据类

在诸暨的发展历程中，各类票据扮演了不可或缺的角色。从粮食油脂，到各类生活用品，这些票据不仅见证了诸暨的历史变迁，更反映了整个国家经济与社会发展的趋势。票据的发行与使用是计划经济体制下的产物。随着国家对私营企业的逐步改造，票据成为商品供应的主要手段，保障了人民的基本生活需求。从最初的粮票、布票，到后来的各种商品票证，这些票据反映了国家对经济的调控和资源的分配，也折射出社会经济的发展和人民生活水平的提高。在粮食和油脂购销领域，票据更是不可或缺。从最初的自由销售到后来的统购统销，再到后来的"双轨制"政策，票据见证了粮食政策的演变。它反映了国家对粮食安全的重视，也揭示了市场经济在农业领域的影响。这些票据是历史的见证者，它们映射出诸暨在经济、社会和政策方面的变革，随着经济的发展和社会的进步，我收藏的这些票据将继续发挥其独特的作用，见证诸暨的辉煌未来。

---

1. 诸暨县地方志编纂委员会编：《诸暨县志》，浙江人民出版社，1993年。

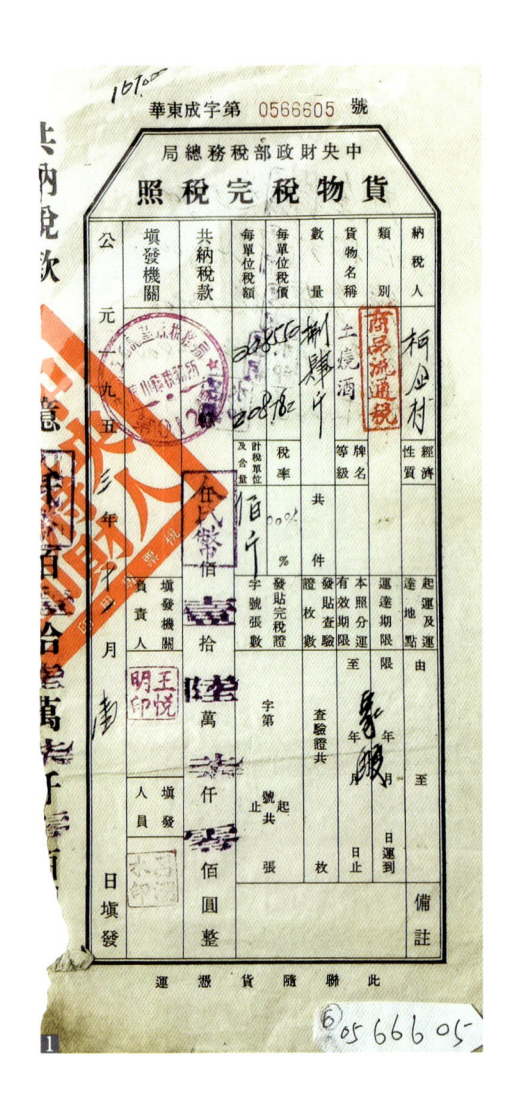

延伸阅读：诸暨工商业的发展

1949年前，诸暨的商业以私营为主。1936年，全省商业总登记时，诸暨有核发许可证的商店1647户；1935年，登记有商店1288户；1936年，有商店1571户。1949年诸暨解放，县人民政府即将官僚企业收归国有。同时，运用经济合同管理私营企业；对酒、酱等行业，则建立专卖公司直接管理。诸暨的工业生产迅速恢复。1951年，全县有私营商业1752户。[2]

1953年我国开始制定第一个"五年计划"，计划经济体制开始基本形成。计划经济体制采取有计划地生产来配置社会资料产品，对商品采取计划供应，对单位和个人进行计划分配。为了满足人民基本生活需求，采取了一种有效的方式，即印发各种商品票证，并有计划地分配给单位或城镇居民。对企业实行厂长负责制，并核定生产定额、推行经济核算制、建立健全责任制、确立工资制度等，手工业独立生产者开始建立行业互助组织。

图1收藏的是1953年中央财政部税务总局"柯企村（今东白湖镇柯溪坞村）家酿土烧酒的纳税回单"。就在这样一个分界点上，它见证了之前诸暨私营企业和小作坊的经营情况。

1954年，国营商业和供销社通过经销、代销等形式对私营商业进行初步改造。1956年，对私营工商业进行社会主义改造，部分私营工商户或实行公私合营，或组织成立合作商店（小组），部分继续私营。工业企业实行全行业公私合营。至1957年，全县手工业、私营工业社会主义改造完成。

1979年，肯定个体商业是公有制商业的必要补充，允许个体经商，是年，有13户从业。此后，逐步放宽对个体商业的限制，个体商业发展迅速。

1982年起，全县国营企业先后实行企业留利、利改税等制度。二轻工业企业由统负盈亏改为独立核算，自负盈亏。同时，乡镇工业企业在分配上也先后离开农

1 1953年中央财政部税务总局货物税完税照
这张完税凭证是柯企村（今东白湖镇柯溪坞村）家酿土烧酒的纳税回单，数量为84斤，纳税金额为旧币167000元（1955年3月1日起发行第二套人民币，按1:10000兑换旧人民币），税收机关为诸暨县税务局璜山镇税务所。

2. 诸暨县地方志编纂委员会编：《诸暨县志》，浙江人民出版社，1993年。

业独立核算，并逐步推行"集体承包厂长负责""大包干一脚踢"（指企业承包者拥有各种自主权）、股份制、租赁制等经济责任制，而尼龙袜、小五金、弹簧、塑料、织造、针织等行业则逐步个体化或变相个体化。

1985年，国营企业的生产经营和行政管理工作普遍实行厂长负责制，企业实行承包经营责任制，同时开展企业升级活动。

截止1992年，诸暨地区生产总值24.28亿元，第一产业占国民经济比重首次低于第三产业。[3] 21世纪，随着经济转型升级，诸暨初步进入工业化。

延伸阅读：粮食供应

1949年后，诸暨以稻谷计征农业税。初期，余粮由农民自由出售。1950年5月，中国粮食公司绍兴公司在诸暨设办事处；11月，改为诸暨支公司。先后在城关设门市部，枫桥、三都、阮市设营业所，经营粮食购销业务，其他地区则委托供销合作社代购、代销，并允许私营粮商经营。

1953年11月中旬，县委传达贯彻党在过渡时期的总任务，具体部署粮食统购统销工作，禁止私商自由经营粮食，对农村余粮户实行粮食统购，对城市人口和农村缺粮人口实行统销。有的地方发生评产偏高，购了"过头粮"。1954年1月，对农村缺粮户实行粮食统销，凭证供应。次年秋，实行"三定"政策，全县定销粮食指标8700吨，按"先吃自产粮，后吃国家粮"的原则，一年一定，分月计划供应。部分山区实行停垦还林、增产抵销和减产增销办法，每年实际销粮往往超过定销指标。[4] 收藏中《1965年东蔡粮站粮食兑换票》（图3）《1967年枫乔（桥）春粮兑换票》（图4）等此类兑换票证就是粮食统购的凭证。

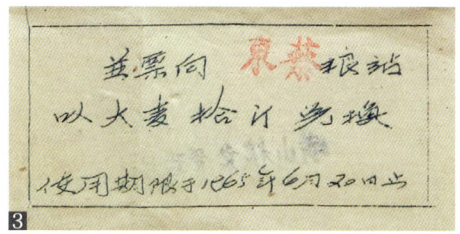

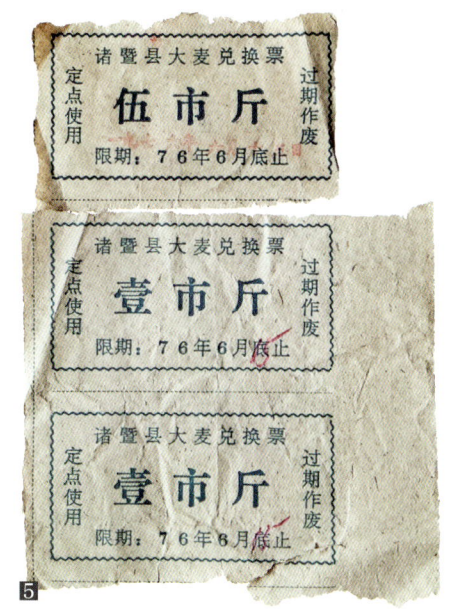

2 1961年机修厂食堂职工领用流动粮票凭证
3 1965年东蔡粮站粮食兑换票
4 1967年枫乔（桥）春粮兑换票
5 1976年6月诸暨县大麦兑换票

3. 诸暨市地方志编纂委员会办公室编：《诸暨市志（1979—2012）》，浙江古籍出版社，2021年。
4. 诸暨县地方志编纂委员会编：《诸暨县志》，浙江人民出版社，1993年。

延伸阅读：粮食三定政策

从 1955 年发布《市镇粮食定量供应凭证印制使用暂行办法》开始，票证进入老百姓的生活。是年 11 月，城关、枫桥实行以人定量供应办法，分 4 类 9 等核定每月定量标准。1956 年 1 月起，全县均凭粮票、购粮证供应粮食和粮食制品，并对机关、企事业人员因公出差、参加劳动、工人夜班等实行定额补贴。1960 年 10 月起，每人每月减少定量 0.5 公斤，1963 年 1 月起，在定量外每人每月增发熟食票（后改粮票）0.5 公斤。1987 年 4 月取消。[5]

1955 年秋，实行定产、定购、定销到户的"三定"政策。1956 年后，以"三定"为基础，高级农业生产合作社为单位，划分余粮社、自给社、缺粮社，确定购销任务。

收藏中的《浙江省诸暨县粮食三定证》以及各类粮食购销凭证就是这一时期的见证。

1982 年，省对县实行粮食购销调拨包干，在国家计划指导下扩大市场调节。1983 年起，允许粮油商品在完成国家任务后开展多渠道经营。1985 年，改粮食统购为合同定购，实行计划内管好、计划外放开搞活的"双轨制"政策。

延伸阅读：油脂供应

20 世纪 50 年代初，诸暨的油脂购销业务由私商和供销社经营。1953 年 11 月起，食用油料与粮食同时实行统购，由供销社代营。1955 年起，按比例收购油菜籽，60% 作统购，40% 作自留兑油。1957 年，改为全购留油，即每收购 50 公斤油菜籽，发给食油票 2.5 公斤。1962 年，实行食用油料统购包干，只购不销，统购外部分由农户自行加工或以籽换油。1971 年起，实行超购加价。

1 浙江省诸暨县粮食三定证
2 20 世纪 70 年代写有分配定额的票证

5. 诸暨县地方志编纂委员会编：《诸暨县志》，浙江人民出版社，1993 年。

3 1991年浙江地方粮票·诸暨

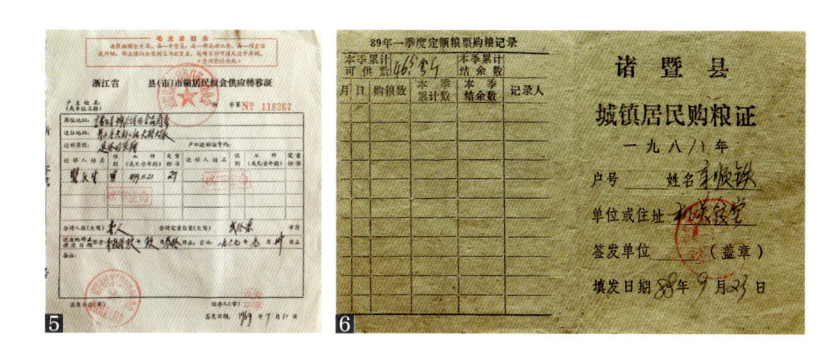

4 诸暨县商业局果菜食杂公司蔬菜优待券

5 1969年7月10日诸暨县城关镇居民粮食供应转移证

6 1988年诸暨县城镇居民购粮证

7 1962年诸暨县购货券拾分

1981年，收购2569吨，全县食油自给有余。1984年，取消包干统购任务，40%按统购价，60%按超购价，敞开收购。[6]

食油于1954年1月开始计划供应，城关镇每人每月定量3.75市两（十两制，下同），农村1.25市两。1957年1月起，城关镇居民、机关、团体、学校等每人每月2.5市两，农村仍为1.25市两。1958年1月起，调整为城关镇定量人口每人每季8.125市两，农村人口7.5市两。1962年，农村实行油料统购包干，7月起，农村人口不再供应食油。农村不产粮人口每人每月定量为1.5市两，城关镇每人每月2市两。1964年10月起，凡吃商品粮人口食油定量一律改为3市两，1965年10月起，改为4市两，至1987年未变。节日、会议、劳动保健用油按规定补助；行业用油，按核定计划控制供应。1981年起，食油生产情况好转，对不产粮人口每人每年补助供应统销价食油2市斤，1985年增加到3市斤。[7]而事实上，直至1992年，诸暨市仍然对城镇户口发放食油票，见藏品《诸暨市不产粮人口食油票》。而另一张《1993年诸暨市垦塔路食用油经营部"粮工"牌小车麻油供应券》藏品，则意味着食用油供应逐步开放，进入议价销售阶段。

延伸阅读：生猪生产

生猪为诸暨主要农副产品。1949年，全县有私营肉铺60余家。1951年，中国土产公司诸暨办事处开始收购生猪6.22万头，县内供应猪肉624.4吨。1956年，国家对生猪实行派养派购制度。1958年，强调集体养猪，将私养生猪收归公有。1961年，收购生猪仅0.86万头，人均供应鲜肉0.1公斤。此后，确定"私养为主"的方针，并实行奖励投售政策，生猪收购量回升。由于所购生猪主要用于出口，故县内供应仍较紧张，1962年7月，

1 1992年诸暨市不产粮人口食油票
2 1993年诸暨市垦塔路食用油经营部"粮工"牌小车麻油供应券
  改革开放之后，商品进入自由流通阶段，商家以各种供应券的方式来推销产品。
3 1980年浙江省诸暨县煤油等商品购货证
4 20世纪70年代石油产品购油证

6、7. 诸暨县地方志编纂委员会编：《诸暨县志》，浙江人民出版社，1993年。

石油产品购油证

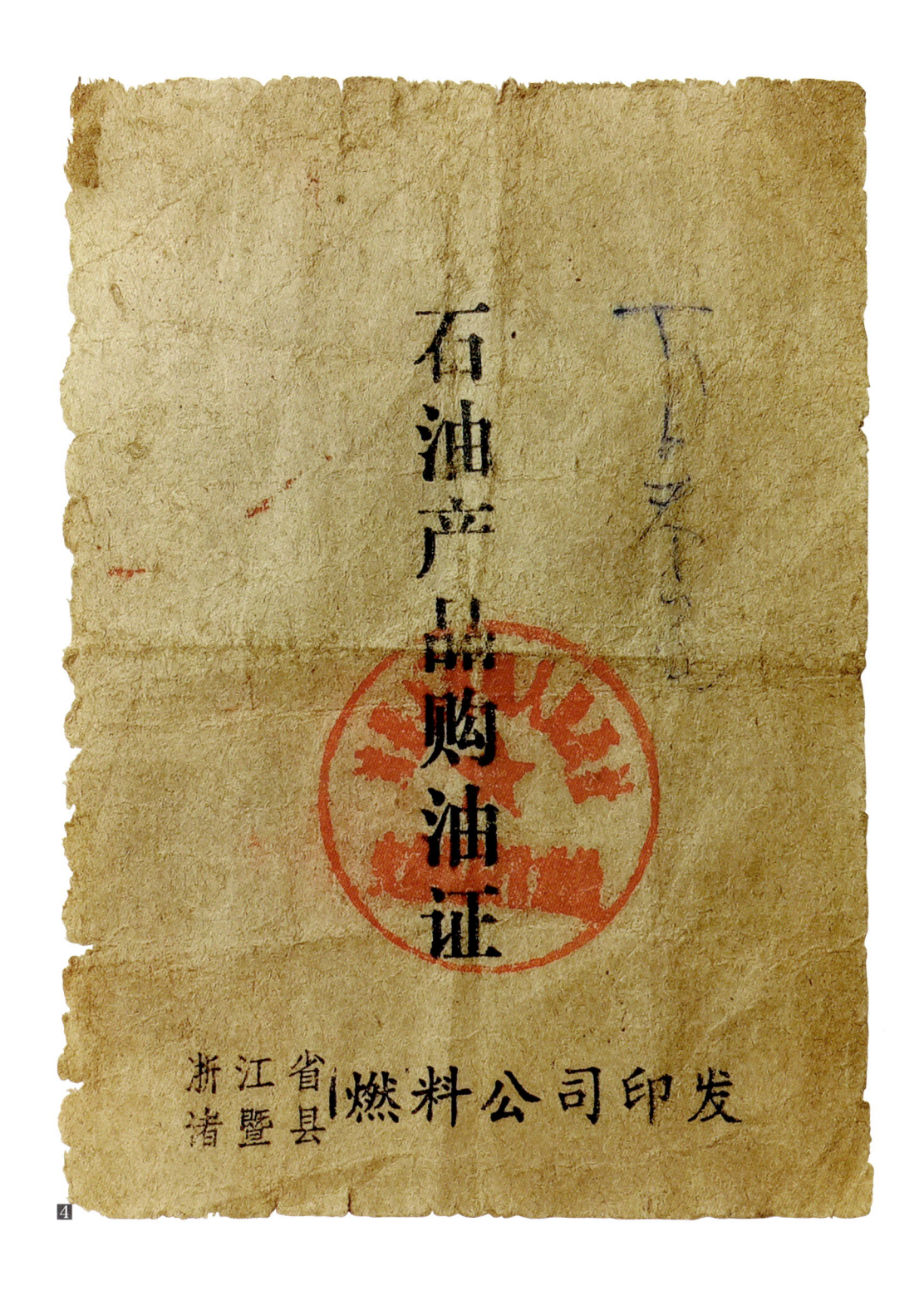

浙江省
诸暨县 燃料公司印发

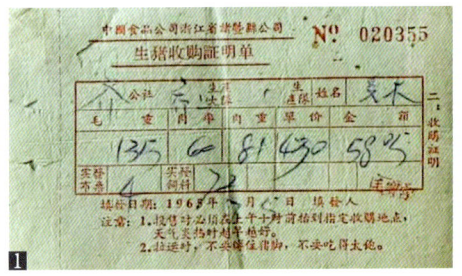

鲜猪肉首次凭证、凭票定量供应。1964年，实行"粮猪挂钩，粮肥挂钩"的鼓励政策，收购近20万头。（如藏品《1965年中国食品公司诸暨县公司生猪收购证明单》）5月，实行牌价敞开供应。"文化大革命"中，鲜猪肉再度实行凭票定量供应。1979年6月，取消凭票供应，恢复牌价敞开供应。1985年4月，取消生猪派购制度，实行议购议销。[8]

延伸阅读：饲料供应

1961年起，农户每出售1头生猪，发给20～50市斤面额的奖售饲料票（不同时期有所增减），如藏品《1969年诸暨县细糠票十市斤，枫正（镇）供应点》凭票购买平价杂粮、稻谷或糠、麸饲料。1983年以前，各粮食加工厂加工统糠（用糠和谷皮粉按不同比例混合，称二八糠、三七糠、四六糠）供应农村，每50公斤二八糠收回饲料票20斤。1983年，全面推广配（混）合饲料后，统糠供应基本停止。稻谷杂粮类饲料票（包括禽蛋奖售）以1983年发出最多，票面数达1.45万吨。[9]

延伸阅读：针纺织品供应

20世纪50年代初，诸暨的针纺织品主要以私商经营为主。1953年下半年起，国营商业控制了针纺织品市场，私商向县百货公司进货的比重在70%以上。1954年9月，棉布实行统购统销，中国花纱布公司浙江省金华支公司在诸暨设批发商店，接管纺织品购销业务。供应方式改为计划分配，生活用布实行凭票供应。1957年，毛线、针织、内衣等供不应求，8月起，停止批发、零销抽档供应。1960年，毛线等商品实行凭票供应。1961年，人均生活用棉布0.6米，为50年代以来最低

1. 1965年中国食品公司诸暨县公司生猪收购证明单
2. 1981年诸暨食品公司浣纱食品站生猪收购凭证
3. 1984年诸暨县食品公司猪肉收购单

8、9. 诸暨县地方志编纂委员会编：《诸暨县志》，浙江人民出版社，1993年。

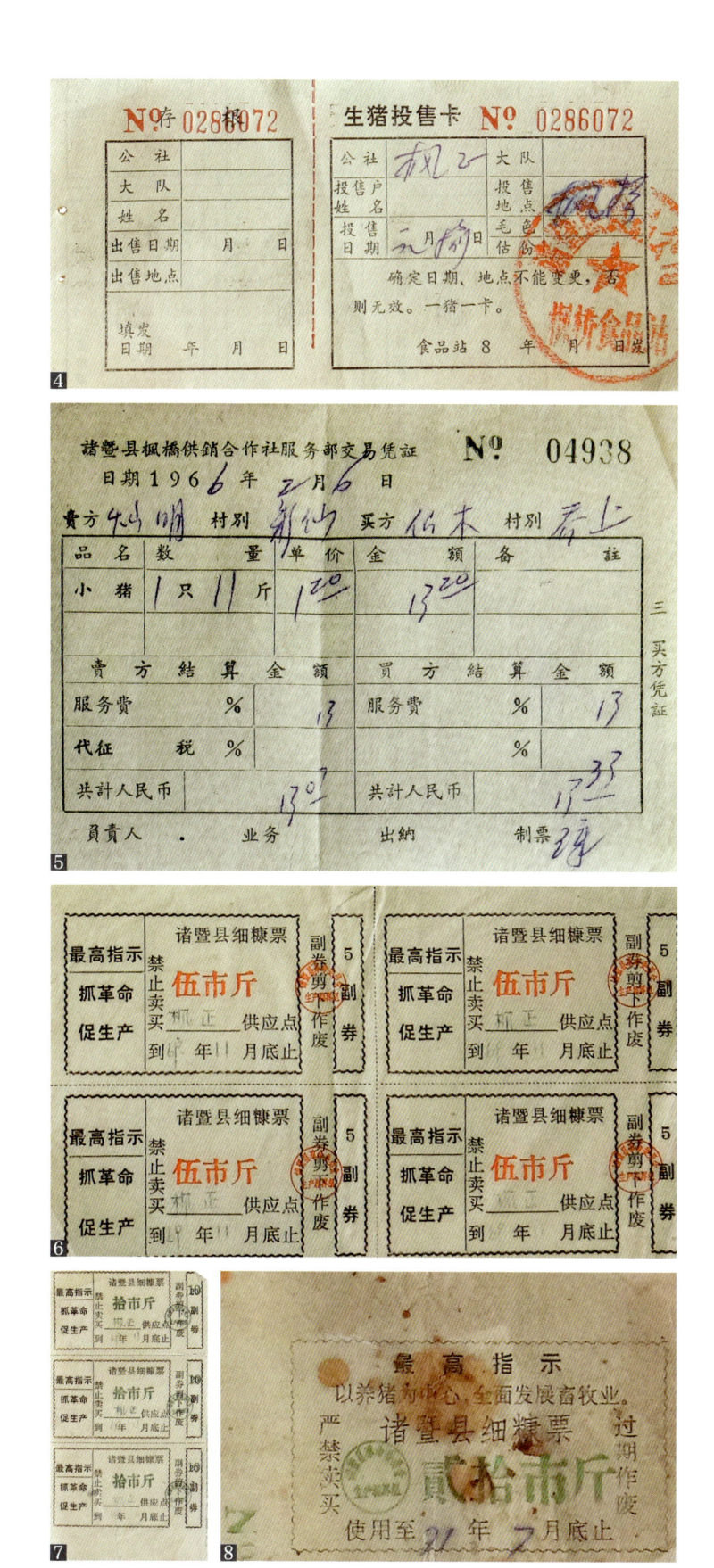

4 20世纪80年代生猪投售卡

5 1966年诸暨县枫桥供销合作社服务部交易凭证

6 1969年诸暨县细糠票五市斤

7 1969年诸暨县细糠票十市斤（枫正（镇）供应点）

糠票是饲料票的一种，发放时间为1962年至1964年，持票可购买糠。自1964年起，每年发放一次，次年作废。直至1992年，国家粮价和市场粮价持平，饲料票被取消。

8 1971年诸暨县细糠票二十市斤

水平。1962年，对部分针棉织品实行凭金额购货券购买和高价敞开供应的办法。1963年，货源增加，凭券商品减少。1965年，针棉织品恢复平价供应。1966年起，丝绸、毛巾、尼龙袜、毛线等再度凭票、凭券供应，化纤布开始进入市场。1978年，针纺织品市场始趋正常，凭票凭证供应范围缩小。1983年12月，取消布票、絮棉票。虽然国家取消了纺织品类票据的使用，而在实际上，直到1990年，诸暨地方上对棉布类产品供应也并没有完全放开，如藏品中就有《1990年诸暨市民用棉供应券》。[10]

延伸阅读：百货供应

1950年7月，中国百货公司诸暨县支公司成立，自此，日用百货批发业务以国营商业经营为主，零售由供销合作社及私商经营。1956年，对私营棉布业实行全行业公私合营，百货业基本纳入国家计划轨道。1959年，货源偏紧，6月，肥皂实行凭票供应。次年，胶鞋、火柴等商品也先后实行凭证供应。1961年，全县凭票、凭证供应的品种有100多种，各类商品销售量下降。1963年，商品增多，凭票、凭证供应商品减少。1965年，百货商品销售全面回升，胶鞋、肥皂、火柴、牙膏、热水瓶、搪瓷面盆等均超过供应比较正常的1957年的水平。"文化大革命"期间，火柴、肥皂、热水瓶、铝制品、手表等相继恢复凭证、凭票供应。我们可以在藏品中看到大量70、80年代的供应券。1978年后，货源逐渐充足，主要日用百货先后敞开供应，销售量成倍增长。

1 浙江省奖售布票
1954年，国家开始对棉花实行统购，随后开始统销。全国各地按人定量发放棉布票，实行凭票供应。初期每人每年发放20尺，从1955年开始逐年减少，每人每年16尺、13尺、8尺，直到1962年，每人只发放3尺6寸布，需要两个人的布票才能凑齐缝制一条裤子所需的棉布。

10. 诸暨市地方志编纂委员会办公室编：《诸暨市志（1979—2012）》，浙江古籍出版社，2021年。

2 1983年浙江省布票

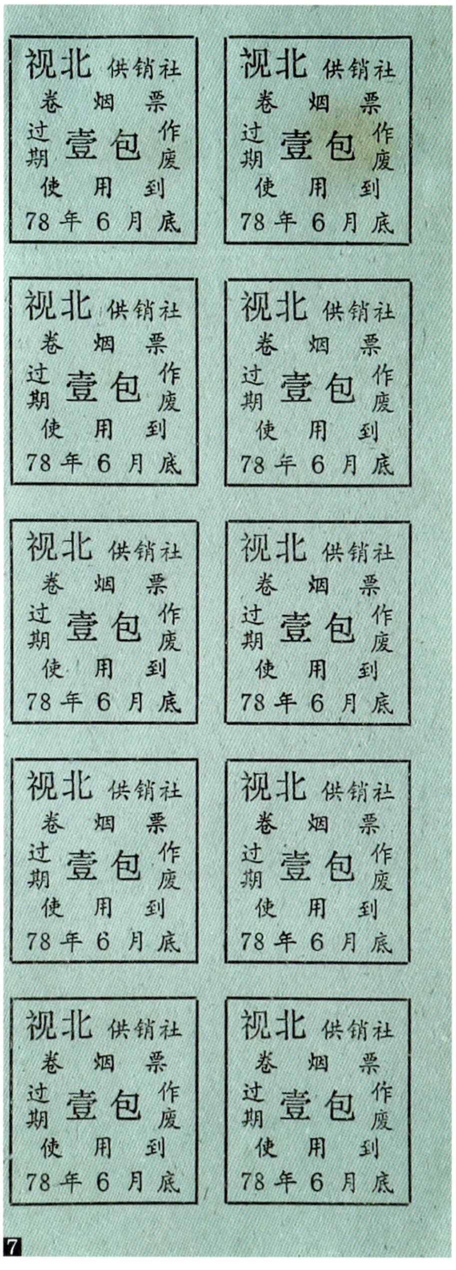

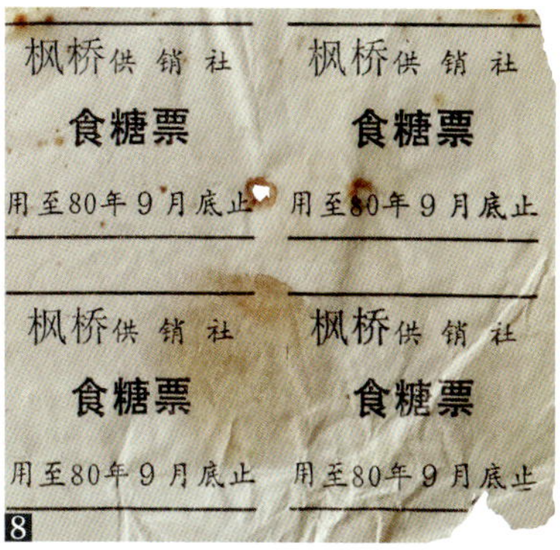

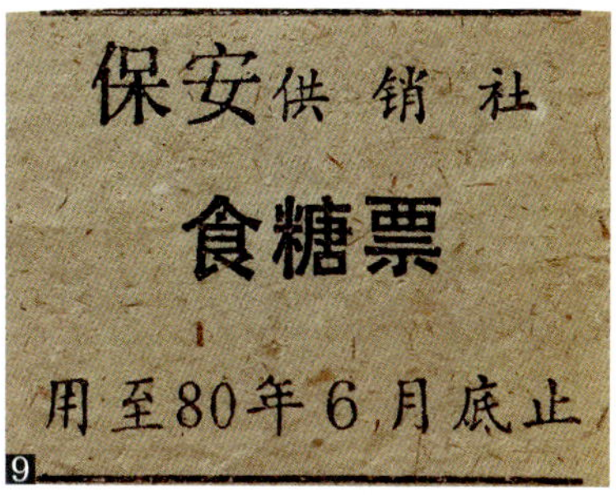

3 1969年浙江省奖售布票

4 1982年浙江省布票壹市寸

5 1990年诸暨市民用棉供应券500克

6 1990年诸暨市民用棉供应券250克

7 1978年视北供销社卷烟票

8 1980年枫桥供销社食糖票

9 1980年保安供销社食糖票

10 1980年枫桥区供销社肥皂票

11 1965年香烟票

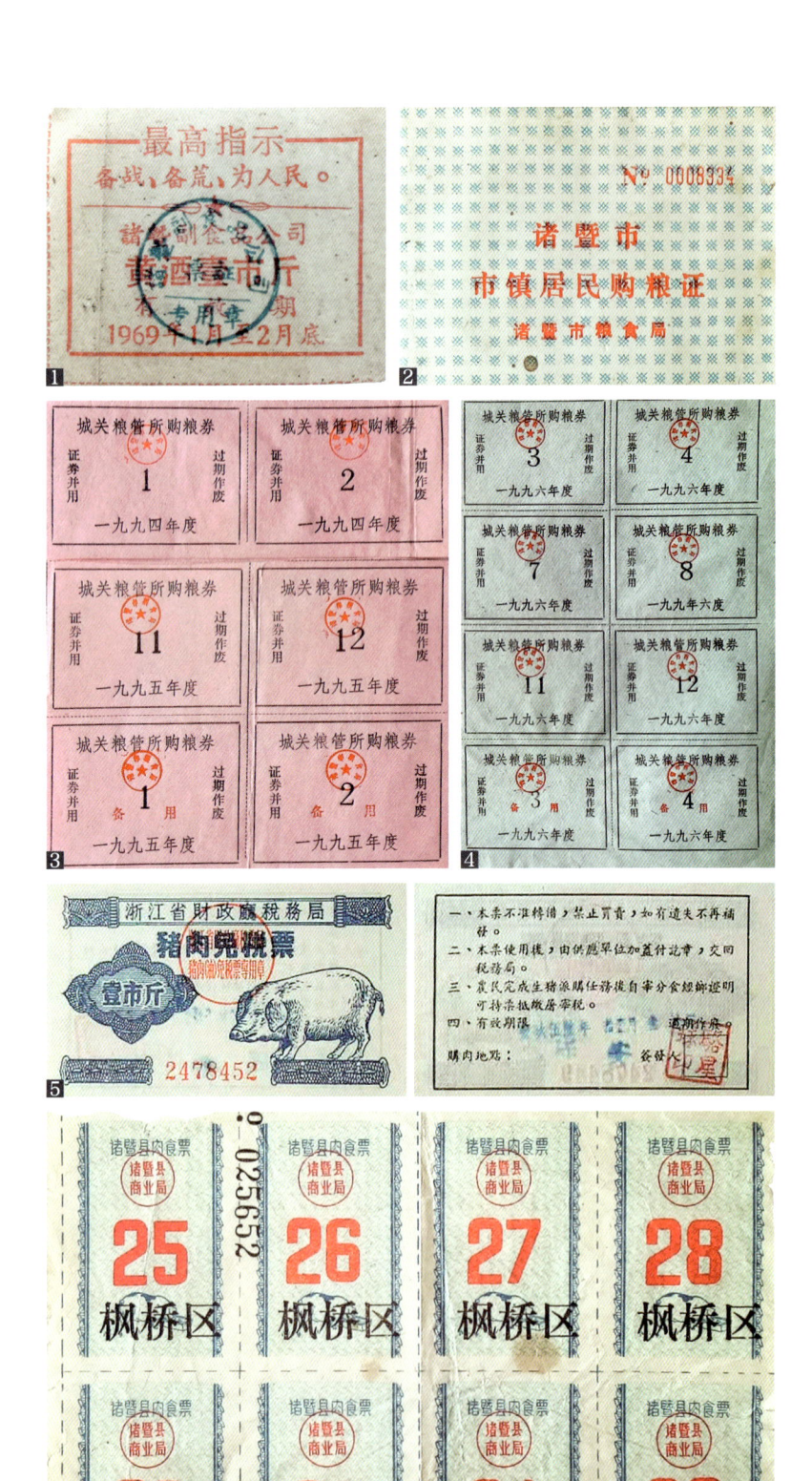

1 1969年诸暨副食品公司黄酒

2 诸暨市市镇居民购粮证

3 1995年城关粮管所购粮券

4 1996年城关粮管所购粮券

5 1956年浙江省财政厅税务局猪肉免税票

　　1956年，浙江省财政厅税务局发布了一种猪肉免税票，此票规定每次购买定额为"壹市斤"的猪肉，在当时保安区（今赵家镇）内有效。在那个困难的年代，猪肉对于人们来说是一种奢侈品，只有在过年过节的时候才能享受到一些肉食。由于猪肉供应紧缺，供不应求，人们只能凭借免税票上的指定数量购买猪肉。

6 诸暨县肉食票·枫桥区

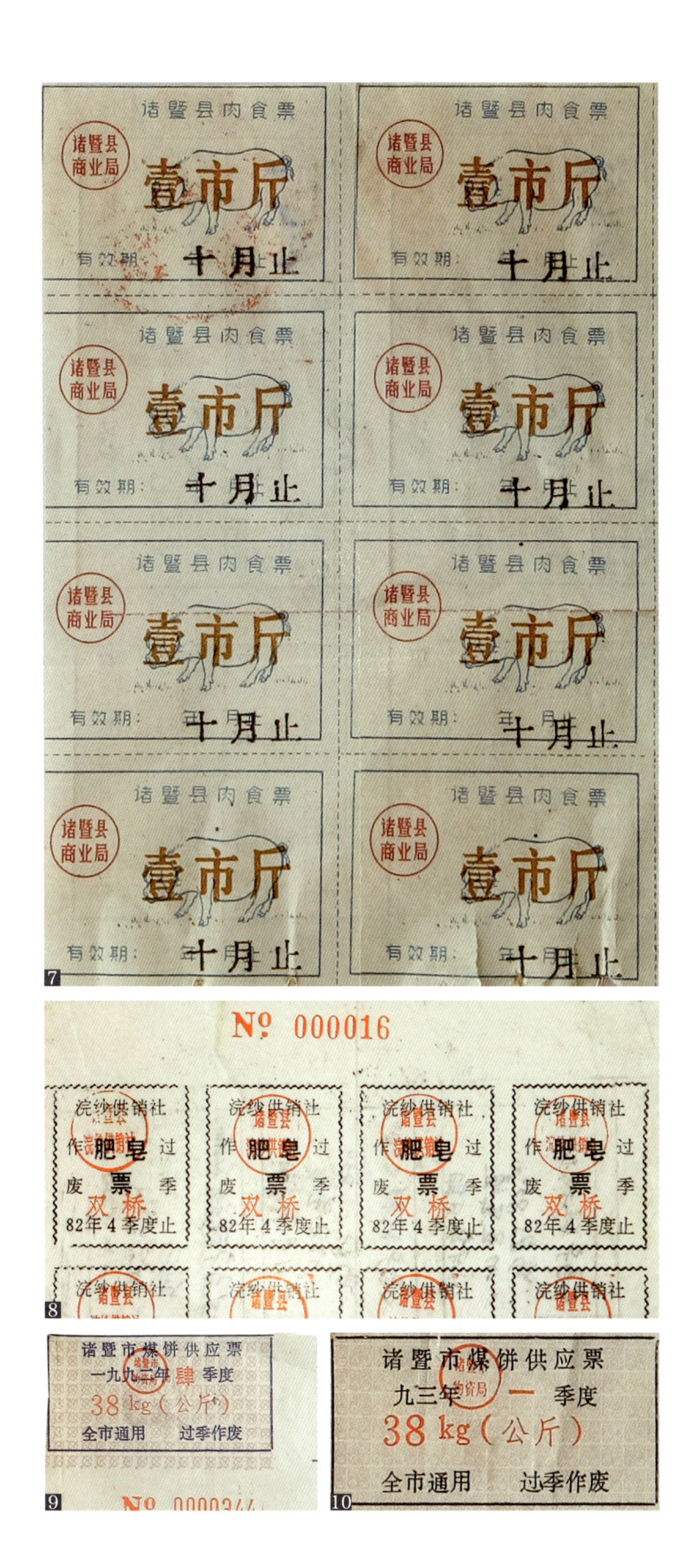

7 诸暨县肉食票
8 1982年浣纱供销社肥皂票
9 1992年诸暨市煤饼供应票
10 1993年诸暨市煤饼供应票

1 1990年诸暨大桥商场、诸暨诸城商城、城关供销分社联合有奖销售奖券

这个时间段物资供应已经不是很紧张，商场也开始采取各种促销手段来销售商品。

2 1961年璜山区迪宅坞农业税收据

3 1961年白杜坞生产大队粮食预征派购通知单

4 1982年诸暨县粮油交售证

5 1968年预付粮食统购定金合同

6 1984年诸暨县售粮证

7 1985年诸暨县售粮证

8 1965年枫桥区统购粮油进货票

9 1963年璜山区迪宅坞猪肉完税证

10 1965年统一发票购买卡（正、反面）

11 20世纪50年代公私合营诸暨蚕种繁殖场临时工记工手册（外陈后坞生产社）

12 1966年齐东乡竹木建生产社发票

生产合作社是小生产者为共同发展生产自愿联合组成的集体经济组织，是生产领域中农业、手工业等各种生产合作社的统称。在社会主义制度下，生产合作社是国家对个体农业和手工业进行社会主义改造的一种组织形式。

13 1984年诸暨县工商行政管理局集市交易服务凭证

14 1984年中国食品公司诸暨县公司收购发票证明

15 1977年12月诸暨县业余文艺创作节目调演会代表证（牌头）

16 杭长高铁箭路村拆迁安置代表证（大唐镇人民政府）

17 1992年诸暨市联合办公室城镇综合配套费收据及缴费凭证

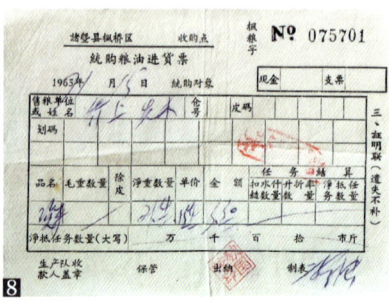

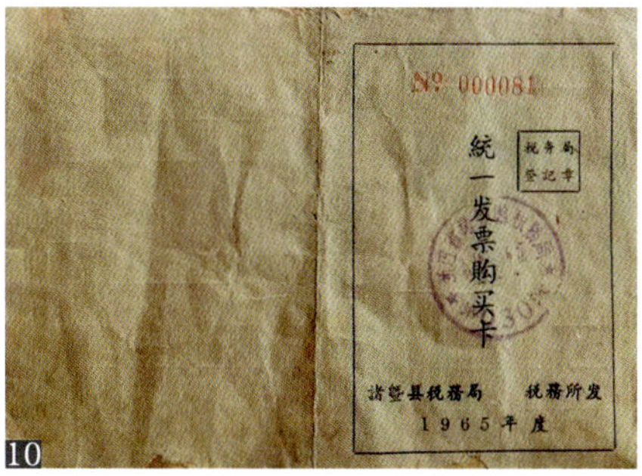

10

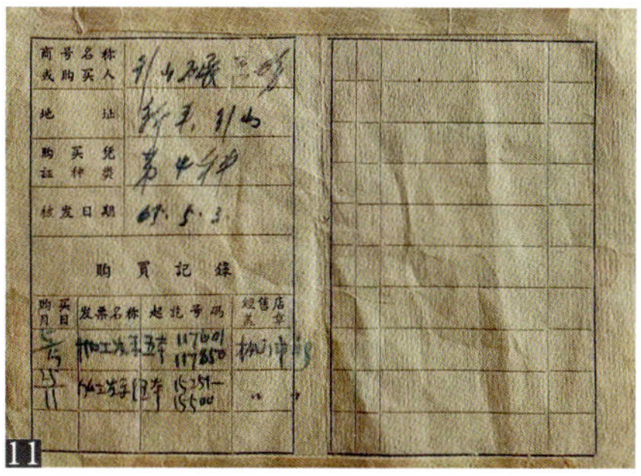

11

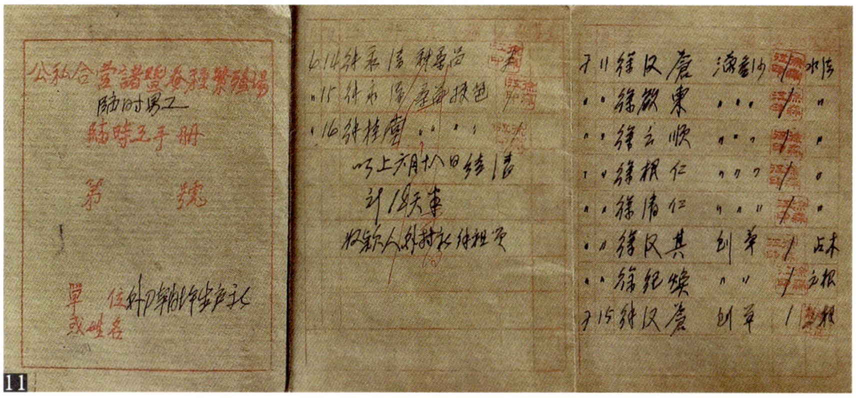

11

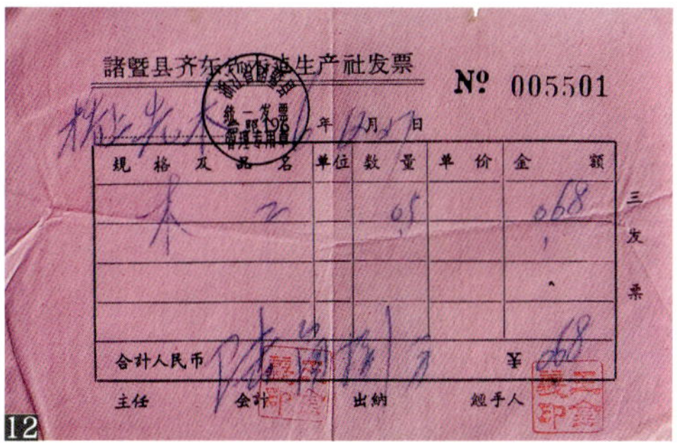

12

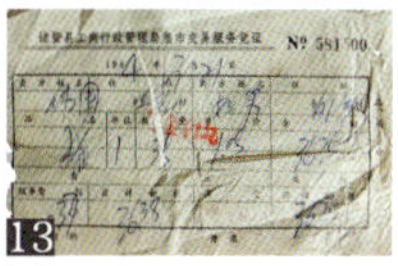
13

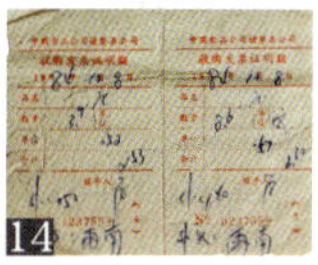
14

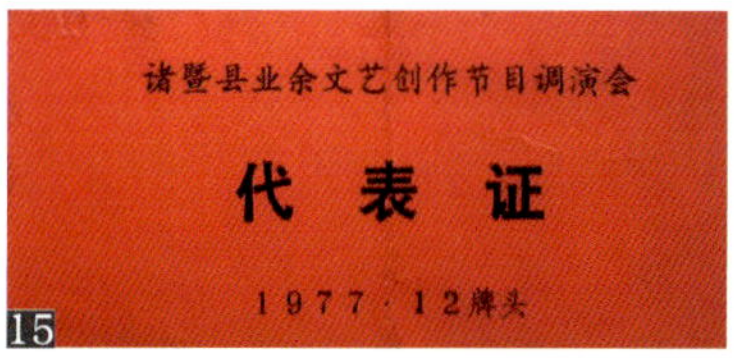

15

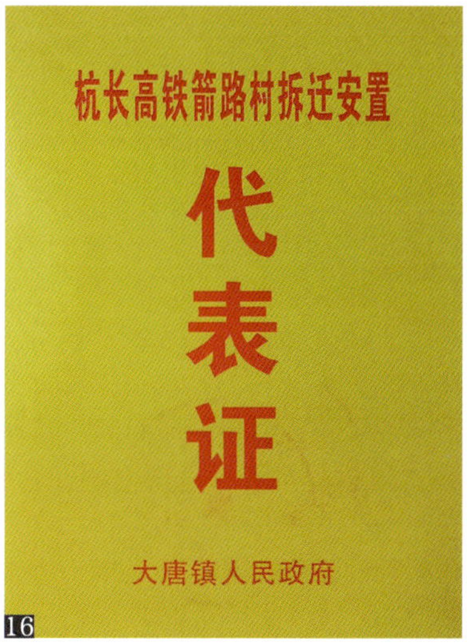

16

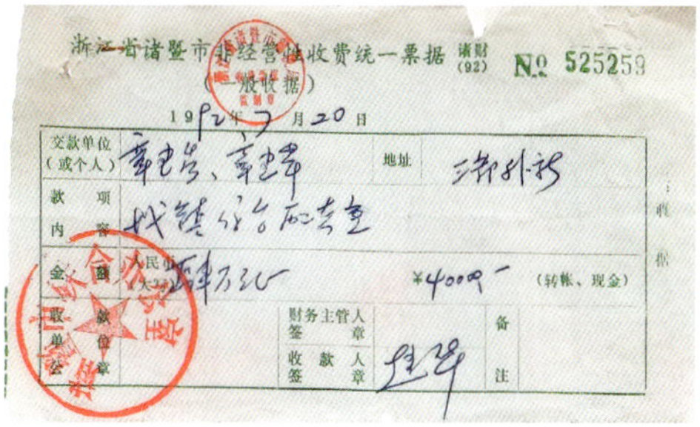

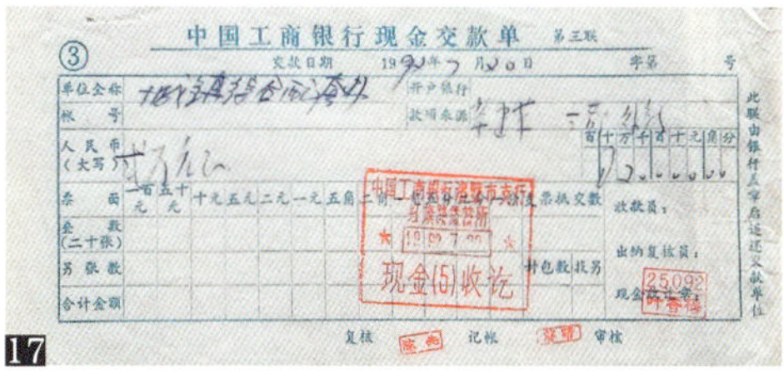

17

证书类

诸暨发展见证：多领域成就与贡献的证书印记

诸暨市的发展历史是一页丰富多彩的历史篇章。自1929年直埠村成立全县首个信用合作社以来，诸暨在金融合作领域不断探索与创新，逐步构建起完善的信用合作体系，为当地经济和社会发展提供了有力支持。同时，供销合作社的成立与发展，更是促进了农副产品的流通，满足了城乡居民的生产生活需求，推动了农村经济的繁荣。

在婚姻登记与计划生育方面，诸暨市积极响应国家政策，不仅建立了婚姻登记制度，倡导婚姻自由，还大力推行计划生育，有效控制了人口增长，为国家的长远发展做出了贡献。尽管计划生育政策在后来带来了一些问题，如人口老龄化等，但政府也根据实际情况进行了适时调整，以应对新的挑战。

此外，诸暨市在公共卫生领域也取得了显著成就。从早期的天花预防接种到后来的儿童计划免疫，诸暨市始终致力于提升民众的健康水平，有效控制了多种传染病的流行，保障了人民的身体健康。

诸暨市在金融合作、供销体系、婚姻登记与计划生育、公共卫生等多个领域都取得了显著的发展成就，这些成就不仅见证了诸暨市的辉煌历史，也为当地民众的福祉和国家的长远发展做出了重要贡献。

1 1964年诸暨县东溪信用合作社社员证

农村信用合作社是由农民入股组成，实行入股社员民主管理，主要为入股社员服务的合作金融组织，是经中国人民银行依法批准设立的合法金融机构。农村信用社是中国金融体系的重要组成部分，其主要任务是筹集农村闲散资金，为农业、农民和农村经济发展提供金融服务。

1. 诸暨县地方志编纂委员会编：《诸暨县志》，浙江人民出版社，1993年。

延伸阅读：信用合作社

1929年，诸暨县直埠村成立信用合作社，为全县信用合作组织之始。时以筹集闲散资金，用于社内借贷，免于高利贷者盘剥为宗旨。其后，各地陆续建立一批信用合作社，有街亭、永宁信用合作社等，抗日战争期间相继停办。1936年5月，在县政府信用合作室倡导下，城区建立了诸暨县第一信用合作社，入股者多为商界人士。全社有股份100多股，股金400万元法币，放款对象多为商界人士。1937年，建立诸暨县第二信用合作社，入股资金共300万元法币。解放后，由县人民政府接管。[1]

1952年12月，中共浙江省委农工部与中国人民银行浙江省分行在枫桥东一乡开展组建农村信用小组的试点，于五宜村举办第一个信用互助组。到1954年4月，

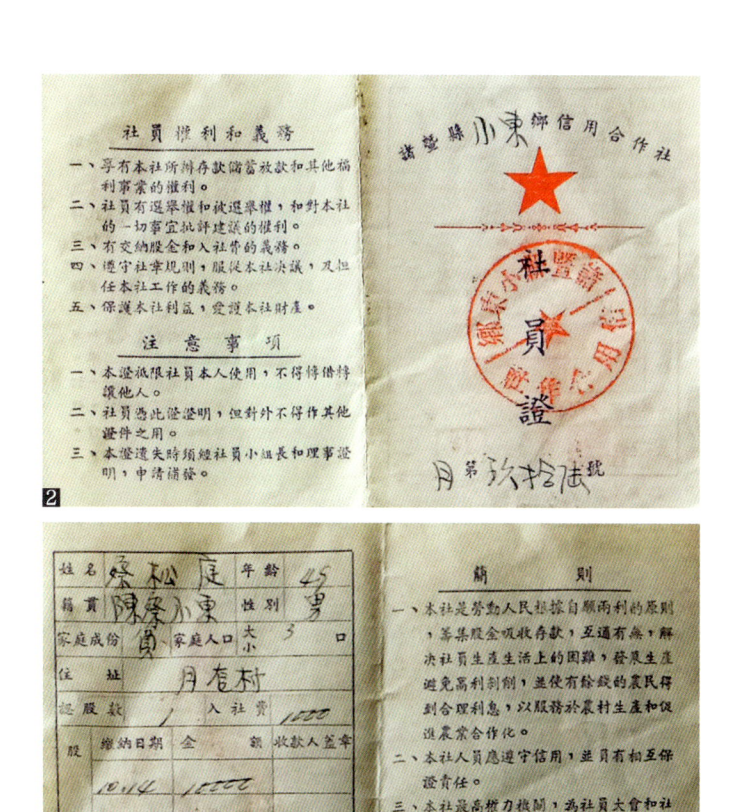

② 1954年诸暨县小东乡信用合作社社员证

该乡发展信用互助组29个，入组农户474户，开展借贷1560.5元，解决了151户农民生产、生活上的困难。是年，全县发展信用互助组168个，信用部10个。1954年7月，在安平乡建立第一个信用合作社，入社农户551户，集股金358元，经办存、放款业务。是年，信用组（部）逐步转入信用社，全县141个乡中有135个乡建立了乡级信用社，信用部只剩6个，信用组仅剩1个。至1955年，信用部（组）均转入信用社。次年，全县各乡镇均设信用合作社。信用合作社接受社员代表及理事会、监事会的民主管理，接受国家银行的政策领导和业务指导。1983年，信用社普遍扩股增股，召开社员代表大会选举产生理事会、监事会。[2] 如藏品中《1954年诸暨县小东乡信用合作社社员证》《1964年诸暨县东溪信用合作社社员证》等就是这一时期的见证。1987年，

2. 诸暨县地方志编纂委员会编：《诸暨县志》，浙江人民出版社，1993年。

全县有 83 个信用合作社、6 个信用合作分社、497 个信用服务站、17 个储蓄所，有工作人员 537 人，入股社员 17.92 万户（占农村总户数的 66.67％），拥有股金 88.73 万元，固定资产和公积金 641 万元。[3]

延伸阅读：供销合作社

1949 年 8 月，诸暨县人民政府筹建县供销商店；在农村，则发动群众，自筹股金，组建区、乡供销合作社。11 月建立的震泽西安乡联合供销合作社，为全县解放后最早建立的基层供销社。12 月，县供销商店开业，对基层供销社实行管理和业务指导。1950 年 2 月，县供销商店改称县供销合作总社。10 月起，各基层供销社先后召开社员代表大会，制定社章，民主选举产生理事会和监事会，建立社员民主管理的组织和制度。年底，有区、乡供销社 25 个，城镇职工、居民消费合作社 2 个。1951 年 5 月，召开诸暨县第一届合作社社员代表大会，县总社改为县合作社联合社（简称"县联社"），有社员社 33 个，社员 18.67 万人，股金 18.02 万元，在全县形成经营服务网络，并负责领导手工业生产合作社。1956 年，手工业合作社划出，供销社主要从事农副产品收购和农业生产资料、农村生活资料的采购供应，逐步成为农村商品流通的主要渠道。1983 年，改革供销社体制，恢复农民群众合作商业的性质，有社员 22.12 万人，各基层社和县联社均召开社员代表大会，民主选举产生理事会和监事会。[4] 1984 年后，逐步改革经营管理制度，推行各种形式的承包经营责任制、主任（经理、厂长）任期目标责任制和经济审计制，扩大了企业自主权，拓宽了经营范围和服务领域。

1 1954 年诸暨县大西区供销合作社社员证
2 1963 年诸暨县璜山供销合作社社员证

3、4. 诸暨县地方志编纂委员会编：《诸暨县志》，浙江人民出版社，1993 年。

浙江省
诸暨县璜山供销合作社
社员证
诸璜合字第 003053 号

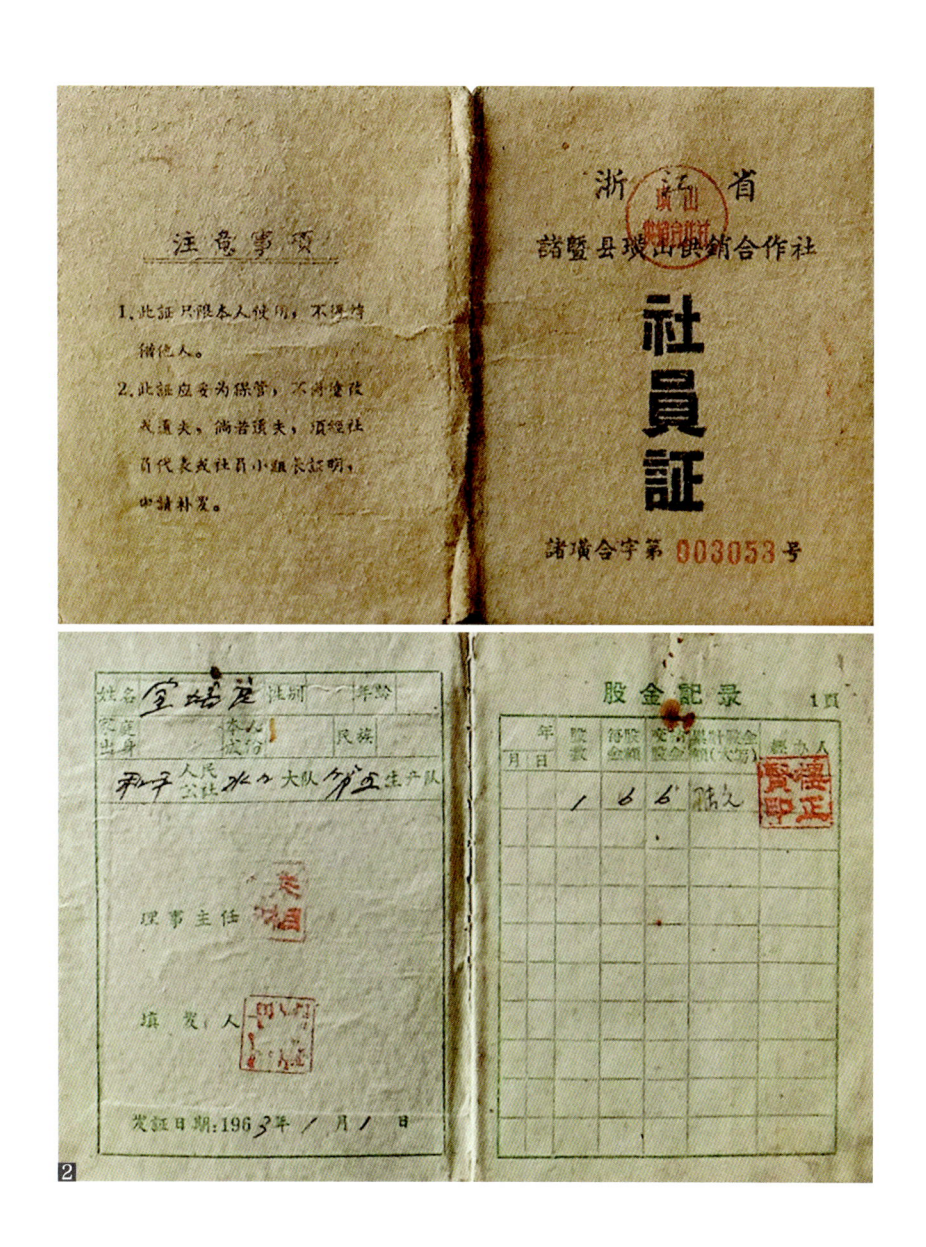

注意事项
1、此证只限本人使用，不得转借他人。
2、此证应妥为保管，不得涂改或撕夫，倘若撕夫，须经社员代表或社员小组长证明，申请补发。

延伸阅读：结婚登记

1951年，宣传贯彻《中华人民共和国婚姻法》，提倡婚姻自由，建立婚姻登记制度。当年，结婚登记590对，离婚204对。民政局培训区乡调解干部，妥善解决婚姻纠纷，依法解决了一些虐待"童养媳"和歧视寡妇再嫁等问题。1952年1月，县、区成立婚姻法贯彻执行委员会，在城关、枫桥、姚江等区推行集体婚礼，城关镇有38对新人参加。1959年，结婚登记手续在管理区（乡）办理，离婚手续在公社（区）办理。1965年9月，结婚、离婚手续一律由公社（乡）办理。1981年，贯彻新婚姻法，规定结婚年龄男为22周岁、女为20周岁，提倡晚婚晚育。[5] 藏品中的结婚证时间从1956年到2004年，其鲜明的时代特色，见证了这个时代的发展和变化。

延伸阅读：计划生育

1956年3月，《诸暨报》开始介绍节育避孕知识。同年12月，第二届人民代表大会第一次会议的工作报告提出"要开展避孕常识的宣传"。1957年，县血吸虫病防治站和妇幼保健所举办《避孕与卫生》展览。1962年，中共中央、国务院发出"认真提倡计划生育"的指示。次年，县建立机构予以贯彻。1964年5月，推广城关镇铁路居委会和枫桥区东溪公社实行晚婚和避孕节育的试点经验，使出生率由1963年的40.6‰降到1965年的35.9‰，人口增长开始得到控制。1971—1978年，计划生育工作全面开展，宣传"晚、稀、少、好"。8年间，出生率下降9.40‰。1979年，大力提倡晚婚晚育和一对夫妇只生一个孩子，严格控制计划外二胎，坚决杜绝多胎生育，效果显著。1980年，一孩夫妇领光荣证率达16.4%，多胎率下降，有995个生产大队杜绝了多胎。1982年，党的十二大把"计划生育"列为基本国策后，

1 1971年诸暨县三都人民公社革命委员会签发的结婚证
2 1956年诸暨县城关镇人民政府签发的结婚证
3 1963年诸暨县三都人民公社革命委员会签发的结婚证
4 1973年诸暨县红门人民公社革命委员会签发的结婚证

5. 诸暨县地方志编纂委员会编：《诸暨县志》，浙江人民出版社，1993年。

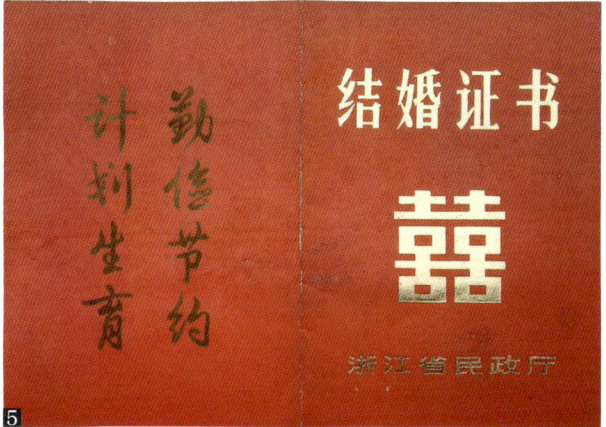

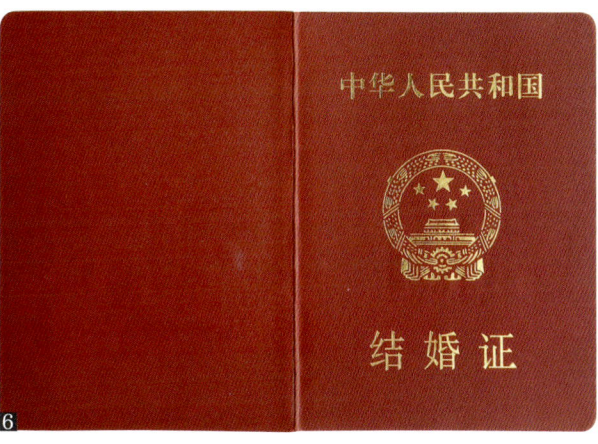

5 1982年诸暨县签发的结婚证

改革开放后，结婚证不再是夫妻两人压在箱底的婚姻纪念品，而是成为真正意义上的法律文书。人们使用结婚证的次数日趋增多，于是结婚证也随之回归简约，逐步取消了复杂的图案，并由奖状式变为护照式，方便新人携带。

6 2004年12月中华人民共和国结婚证

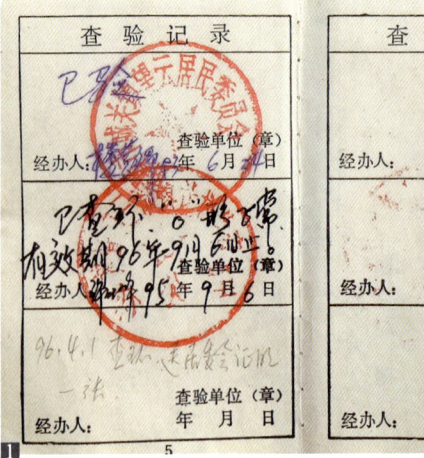

1 流动人口计划生育证明

计划生育是中华人民共和国的一项基本国策，即按人口政策有计划地生育。1982年9月被定为基本国策，同年12月写入宪法。主要内容及目的是提倡晚婚、晚育，少生、优生，从而有计划地控制人口。

6. 诸暨县地方志编纂委员会编：《诸暨县志》，浙江人民出版社，1993年。

每年都举行计划生育宣传技术服务活动，并组织计划生育宣传队，因人制宜落实各种节育措施。[6] 至1987年，共施行男女结扎、放环等计143705例，1987年，全县计划生育率94.29%。

计划生育自1982年9月被定为基本国策，同年12月写入宪法以来，对中国的人口问题和发展问题的积极作用不可忽视，但是也带来了人口老龄化问题。到21世纪初，中国的计划生育政策又做出了一些调整。由于20世纪80年代出生的第一批独生子女已经到达适婚年龄，在许多地区，特别是经济较为发达的地区，计划生育政策有一定程度的放松。2021年5月31日，中共中央政治局召开会议，会议指出，进一步优化生育政策，实施一对夫妻可以生育三个子女政策及配套支持措施，有利于改善我国人口结构，落实积极应对人口老龄化国家战略，保持我国人力资源禀赋优势。同年8月20日，全国人大常委会会议表决通过了关于修改人口与计划生育法的决定，规定国家提倡适龄婚育、优生优育，一对夫妻可以生育三个子女。

延伸阅读：疫苗接种

1949—1951 年，为预防天花，诸暨县共接种牛痘 50.75 万人。1952 年，基本消灭天花。1950—1953 年，开始接种霍乱菌苗、白喉类毒素等。1953 年，接种白喉菌苗 3000 人。1954 年，开始在城镇地区重点接种卡介苗，每年为 2000 多名儿童接种。1956 年起，卡介苗接种扩大到农村。是年 5 月，草塔和牌头镇有 4101 名儿童接受卡介苗皮试或接种。1959 年，全县接种万余人。20 世纪 60 年代，推广钩端螺旋体疫苗、乙型脑炎疫苗、流行性脑脊髓膜炎疫苗、麻疹疫苗和小儿麻痹糖丸疫苗，有效地控制了麻疹等儿童多发病。1978 年起，试用狂犬病疫苗。[7] 1983 年 7 月开始，在 5 个乡进行儿童计划免疫试点。1984 年 7 月起，以乡卫生院为基地建立接种站（点）共 156 个，规定每月 15、16 日为全县统一接种日，进行卡介苗、麻疹疫苗、百白破疫苗、脊灰糖丸疫苗"四苗"接种。1987 年冬开始，建立儿童预防接种记录卡制度，规定 15 岁以下儿童一人一卡，共建卡 30 余万张。1987 年，引进乙型肝炎血源疫苗，当年接种千余人份。是年，预防接种所用生物制品有 10 种以上，年接种 35 万人次。[8]

❷ 1963 年诸暨县防疫站齐东乡卡介苗接种证
卡介苗（BCG Vaccine）是由减毒牛型结核杆菌悬浮液制成的活菌苗，具有增强巨噬细胞活性，加强巨噬细胞杀灭肿瘤细胞的能力，活化 T 淋巴细胞，增强机体细胞免疫的功能。它被用来预防儿童结核病，一般在新生儿出生后 24 小时左右进行接种，是一种免费的免疫规划疫苗。

7. 诸暨县地方志编纂委员会编：《诸暨县志》，浙江人民出版社，1993 年。
8. 诸暨市地方志编纂委员会办公室编：《诸暨市志（1979—2012）》，浙江古籍出版社，2021 年。

1. 1983年诸暨县信用合作社社员证

2. 20世纪60年代新壁公社清队小组任命状

3. 1951年9月诸暨县城关镇建筑业工会工作出入证

4. 1952年诸暨县城关镇建筑业工会工作证

5. 1990年12月一孩父母光荣证

6. 无偿献血证（正、反面）
   无偿献血证书是具备资质的医疗卫生部门根据《中华人民共和国献血法》第六条规定颁发给无偿献血者的一种证书。符合要求的健康公民一次性献血量达到最低标准200ml就可以获得国家颁发的无偿献血证。

7. 1959年中国少年先锋队辅导员委派书
   中国少年先锋队是中国少年儿童的群团组织，是少年儿童学习中国特色社会主义和共产主义的学校，是建设社会主义和共产主义的预备队。中国少年先锋队的创立者和领导者是中国共产党。党委托中国共产主义青年团直接领导中国少年先锋队。
   1953年8月21日，共青团中央发出《关于"中国少年儿童队"改名为"中国少年先锋队"的说明》，指出"先锋"是开辟道路的人，是为了人民的利益走在前面的人。这一天，"中国少年儿童队"改名为"中国少年先锋队"，简称"少先队"。

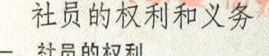

027

1 诸暨市计生服务卡
2 2011年婴儿出生挂牌（正、反面）
3 1965年诸暨县猪预防注射证
4 1966年诸暨县家畜检疫证
5 20世纪60年代诸暨县统一阉割收据
6 1967、1969年同山人民公社工票
7 1982年诸暨县三都区小猪市场调剂凭证
8 1973年诸暨县革命委员会入伍通知书
9 1968年7月诸暨县新壁公社东方红大队参加县首届农代会代表由诸暨县农代会出具的所误工分凭据
10 1993年浙江海越股份有限公司股权证

浙江海越股份有限公司成立于1993年7月，由海口海越经济开发有限公司作为主发起人，联合浙江省经济协作公司和诸暨市银达贸易公司共同发起，在定向募集的方式下设立的国有控股股份有限公司，总股本为13800万股。该公司股票的简称是海越股份，股票代码是600387。

029

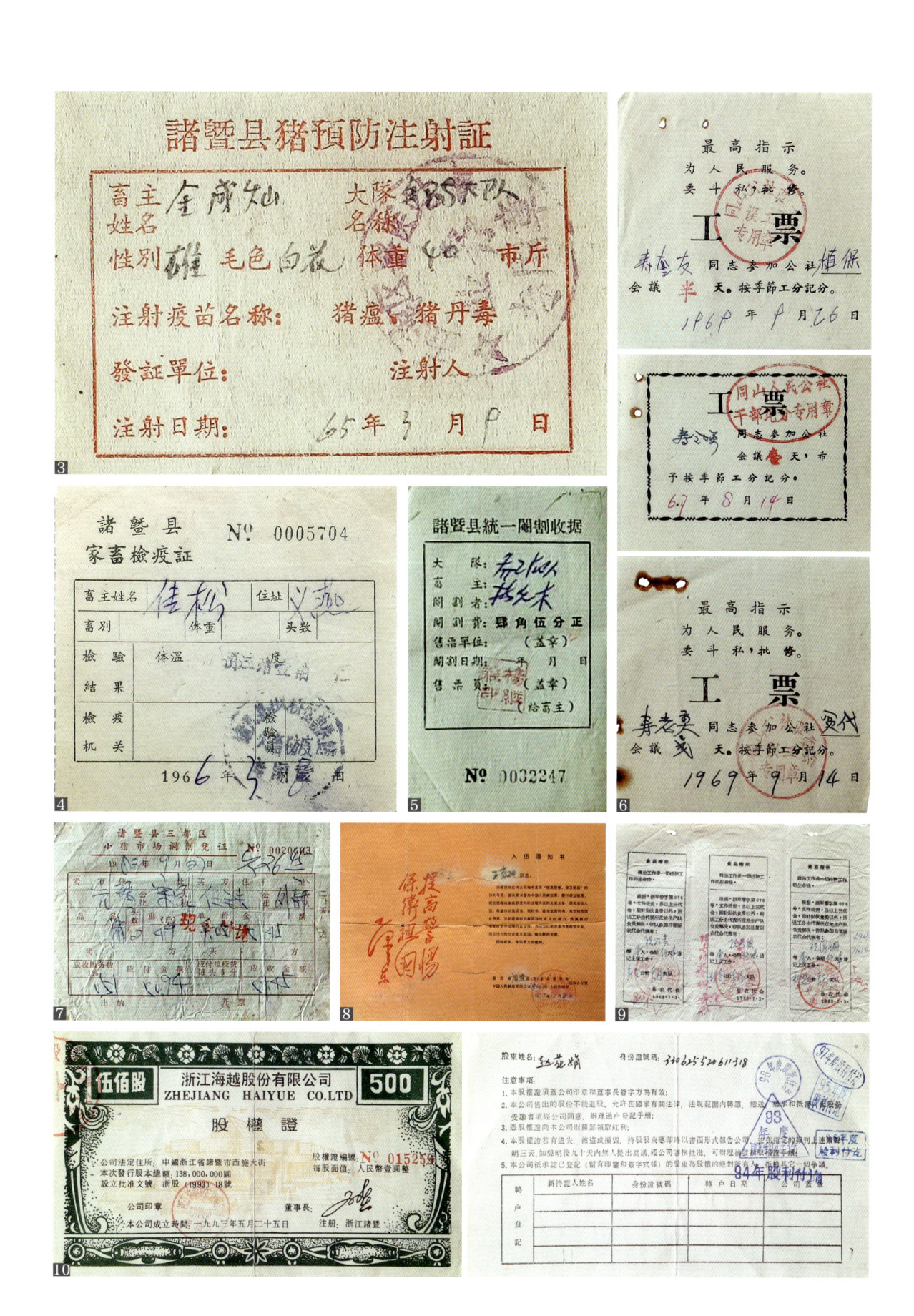

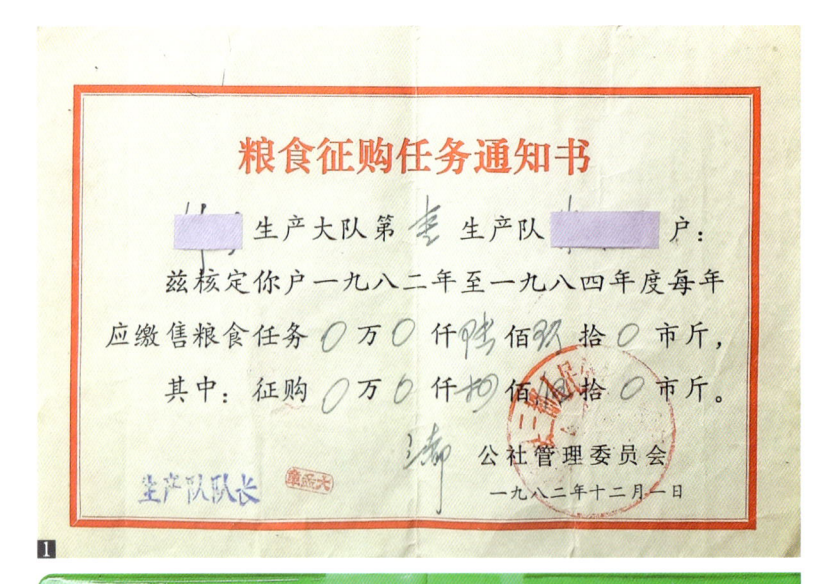

1 1982年12月粮食征购任务通知书

2 1980年诸暨县自行车行驶证

20世纪80年代，自行车需要配备车牌和行驶证，行驶证的要求与机动车类似。此外，还需要在车身上打印类似于机动车的车辆识别代码的钢印。

3 2010年诸暨市电动自行车防盗备案登记卡

随着电动车普及率不断提高，丢失电动车的情况越来越常见。在办理了电动车防盗备案登记后，如果车主报失并由公安部门受理后60天内未能找回车辆，保险公司将按照理赔标准进行赔偿。同时，车主可以购买第三者责任险和车上人员责任险，在发生交通事故时按照保险约定获得赔偿。同时，公安机关将对没有办理备案登记且无法提供合法购买证明的电动车进行查处。

4 中国税务办税专用卡

税务卡是税务局定制发放的卡，方便企业交税和个人交税。

5 1989年诸暨县暂住证

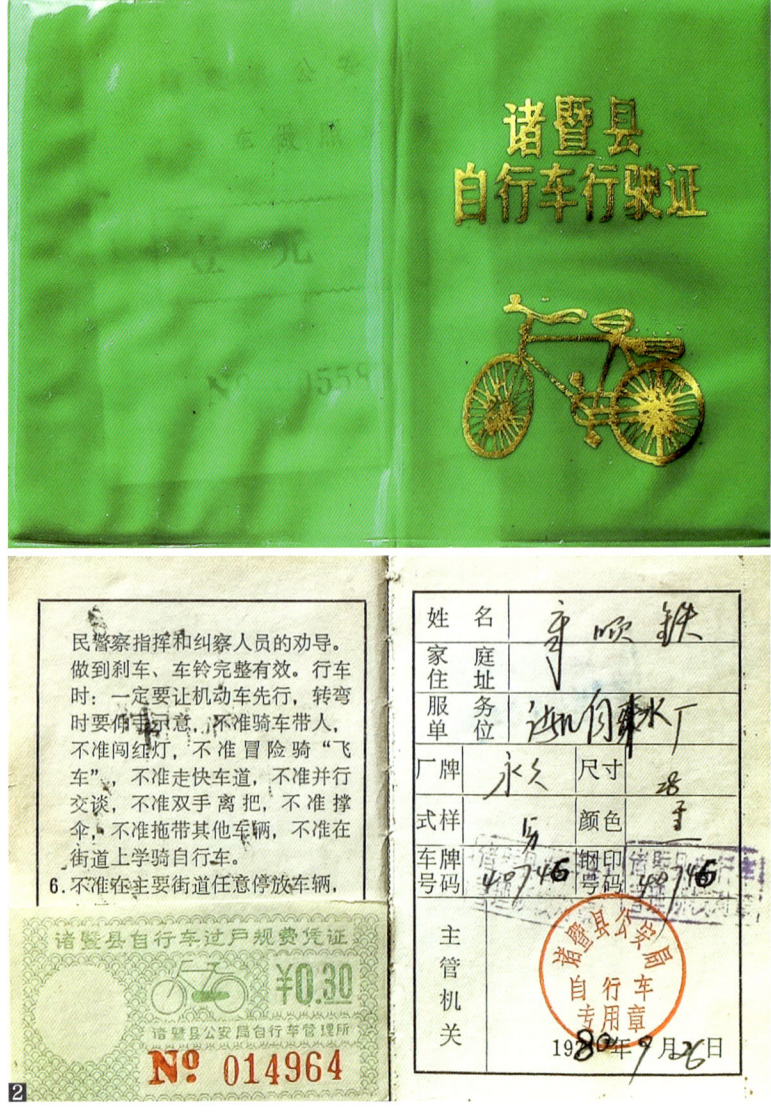

暂住证最早在深圳引入，用于登记外来流动人口，并为其提供相应服务。后来，暂住证制度在全国推广，成为一种特定时期的人口管理方式。2015年2月15日，国家发布了《关于全面深化公安改革若干重大问题的框架意见》及相关改革方案，在中央审议通过后，推进了户籍制度改革，取消了暂住证制度，全面实施了居住证制度，并建立了与居住年限等条件挂钩的基本公共服务提供机制。

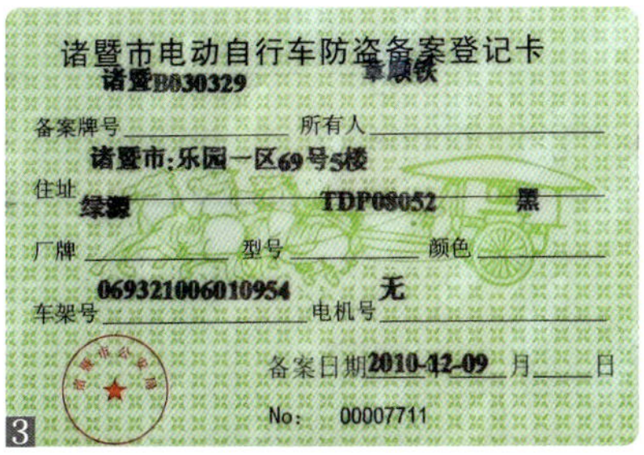

6 1966年齐东乡选民证

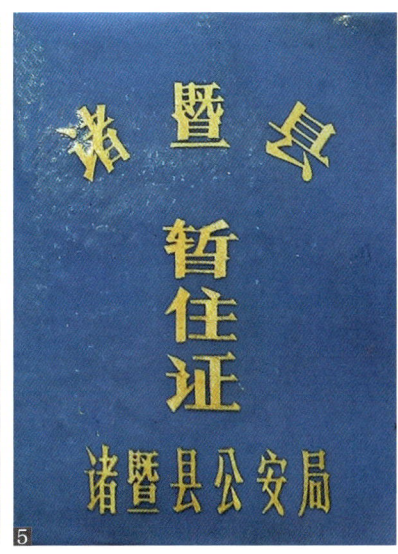

选民证是指选民享有选举权并具备参加选举活动能力的证明文件。选民凭借选民证参加选举活动。选举机构在审核选民资格后发放选民证。

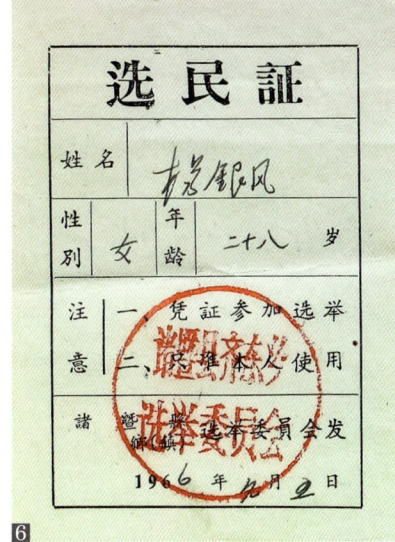

7 2006年诸暨市选举委员会选举工作证

选民证是指选民享有选举权并具备参加选举活动能力的证明文件。选民凭借选民证参加选举活动。选举机构在审核选民资格后发放选民证。

8 1993年城关镇第十二届人民代表大会代表证

人民代表大会代表简称为"人大代表"或"人民代表"。市区、县、自治县、乡、民族乡、镇不设区的人大代表由选民直接选举产生，并受到原选举单位或选民的监督。原选举单位或选区的选民可以按照法律程序罢免或撤换人大代表。

9 2006年诸暨市选举委员会总监票凭证

此类凭证是用于选举大会总监票人监督选票的总数以及向投票站、选举大会和流动票箱发放的选票数的凭证。该凭证还确定了监票人的工作分工，监督选票的发放、投票和计票过程，解决计票中的问题，并审查总计票人汇总的发出选票数、收回选票数和计票结果，然后向选举大会主持人做出报告。

10 中国福利彩票销售证

此证是由中华人民共和国民政部直属事业单位中国福利彩票发行管理中心负责发行销售的凭证。福利彩票始于1987年，宗旨是"扶老、助残、救孤、济困"。随后设立了中国福利彩票发行中心作为发行机构。福利彩票的销售实行销售许可证制度。

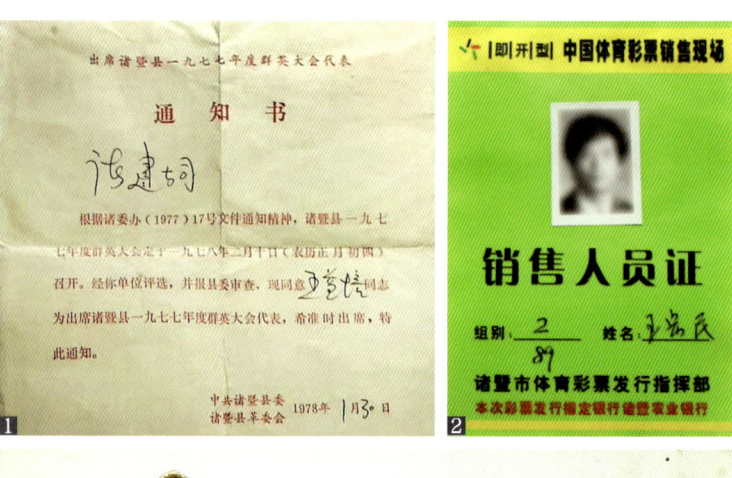

1. 1978年出席诸暨县1977年度群英大会代表通知书
2. 1989年（即开型）中国体育彩票销售现场销售人员证
3. 1989年诸暨县首届商品交易会请柬
4. 1968年9月诸暨县化泉初级中学毕业证书
5. 1954年4月浙江省诸暨县枫桥区团支部委员会团员介绍信
6. 1958年4月中共诸暨县委财政贸易部调动干部通知单
7. 1958年12月枫桥钢铁厂介绍信
8. 应征公民兵役登记证（正、反面）
9. 1970年3月9日诸暨县革命委员会生产指挥组介绍信
10. 1954年4月诸暨县人民法院催办函
11. 1956年10月中共诸暨县委员会财贸部介绍信

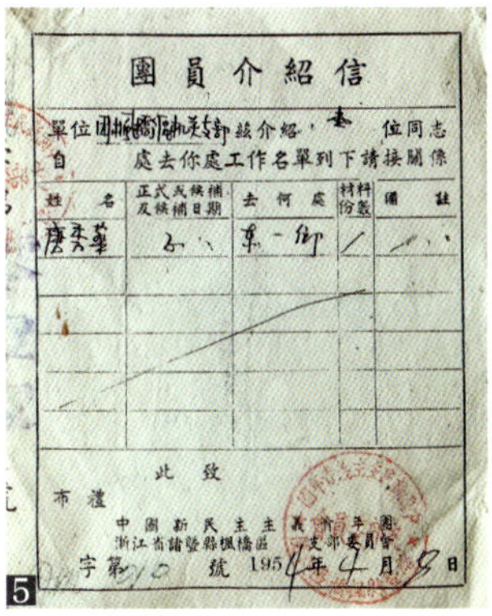
團員介紹信
此致
敬禮
中國新民主主義青年團浙江省諸暨縣楓橋區 支部委員會
字第 號 195 年 月 日

5

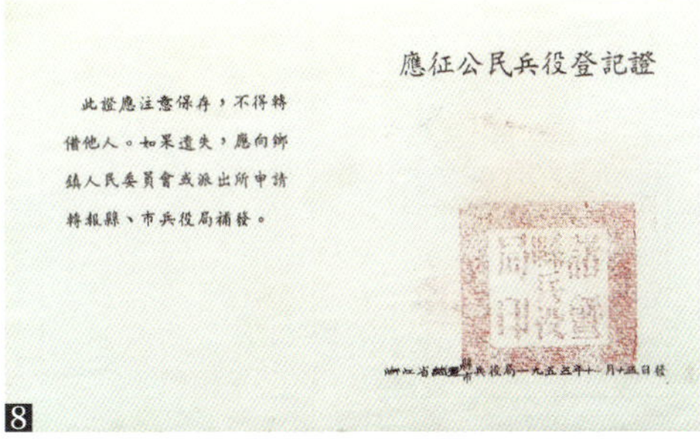
應征公民兵役登記證
此證應注意保存，不得轉借他人。如果遺失，應向鄉鎮人民委員會或派出所申請轉報縣、市兵役局補發。

8

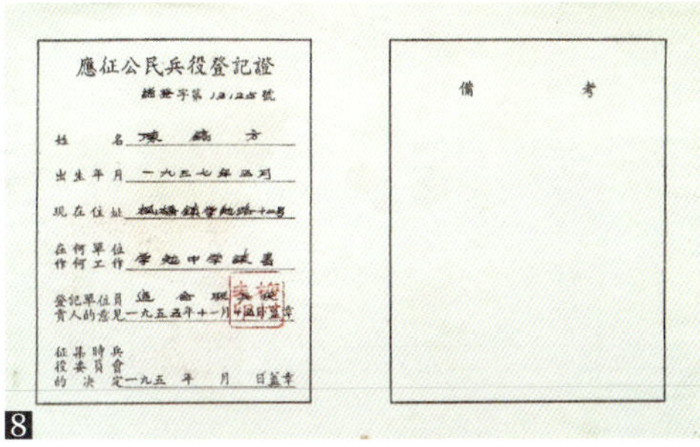
應征公民兵役登記證
姓名
出生年月
現在住址
在何單位作何工作
登記單位負責人的意見
征集時兵役委員會的決定
備考

8

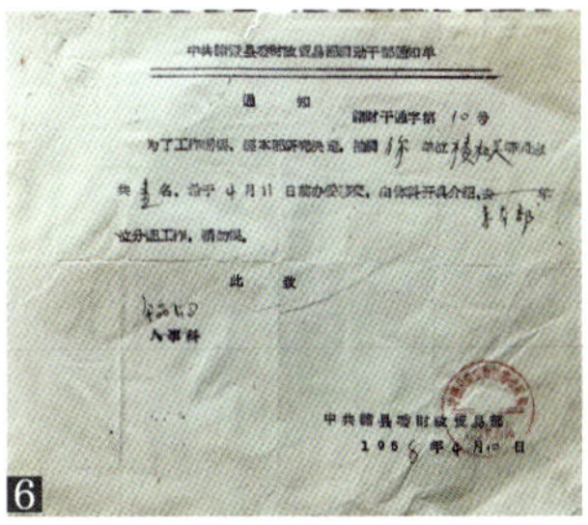

6

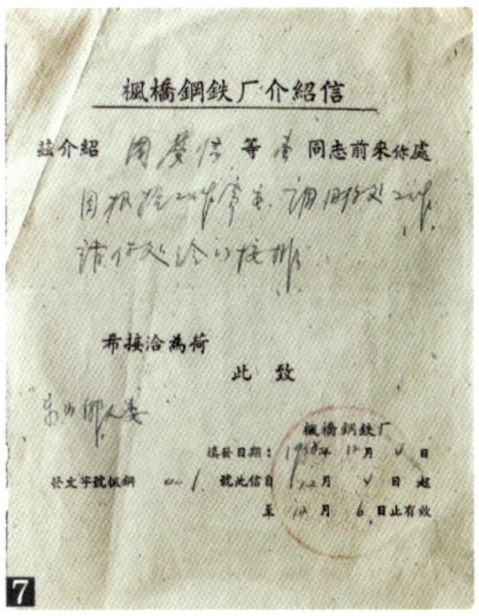
楓橋鋼鉄厂介紹信
茲介紹 等 同志前來你處
希接洽為荷
此致
楓橋鋼鉄厂

7

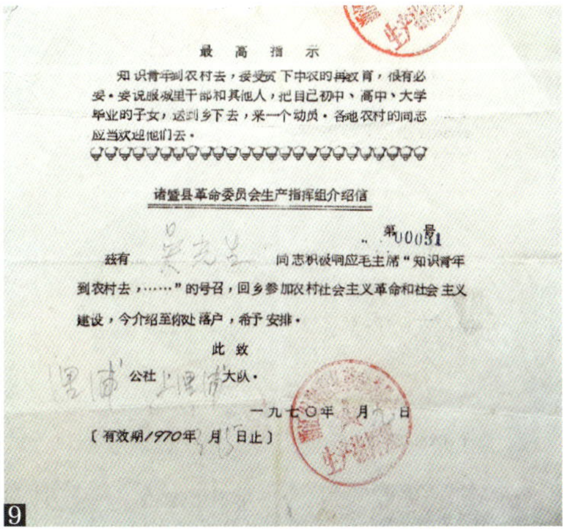
最高指示
知识青年到农村去，接受贫下中农的再教育，很有必要。要说服城里干部和其他人，把自己初中、高中、大学毕业的子女，送到乡下去，来一个动员。各地农村的同志应当欢迎他们去。
诸暨县革命委员会生产指挥组介绍信
兹有 同志积极响应毛主席"知识青年到农村去，……"的号召，回乡参加农村社会主义革命和社会主义建设，今介绍至你处落户，希予安排。
此致
公社 大队
一九七〇年 月 日
（有效期 年 月 日止）

9

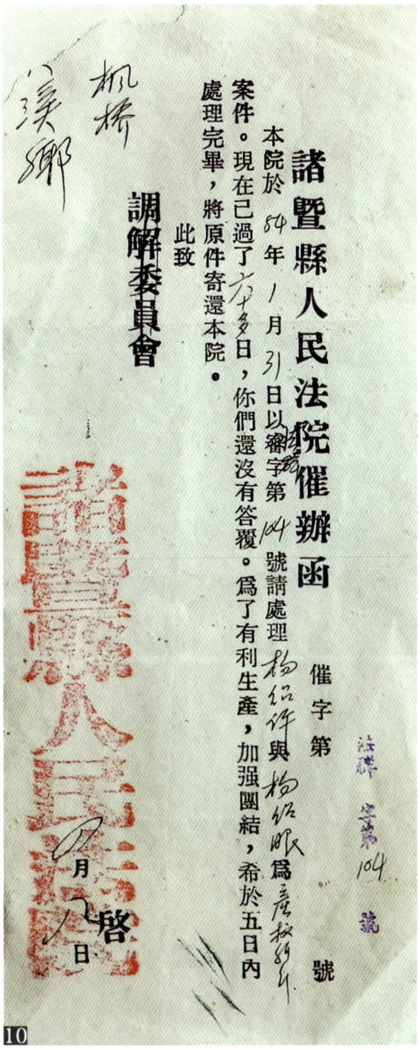
諸暨縣人民法院催辦函
催字第 號
本院於 年 月 日以審字第 號請處理 與 為 案件。現在已過了 日，你們還沒有答覆。為了有利生產，加强團結，希於五日內處理完畢，將原件寄還本院。
此致
調解委員會
月 日 啓

10

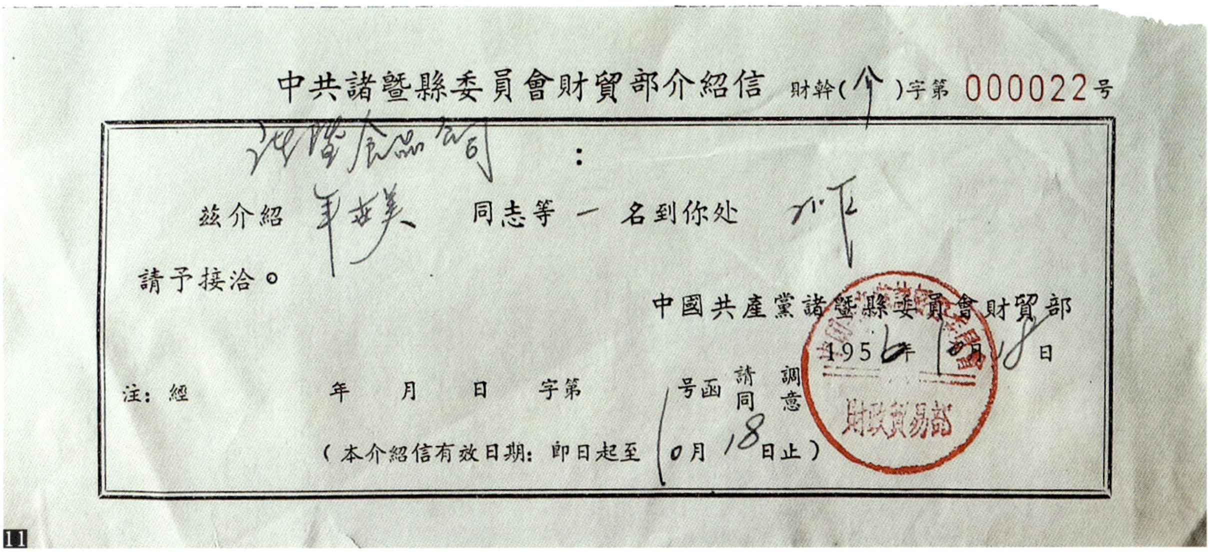
中共諸暨縣委員會財貿部介紹信 財幹( )字第000022号
茲介紹 同志等 名到你处
請予接洽。
中國共產黨諸暨縣委員會財貿部
195 年 月 日
注：經 年 月 日 字第 号函 請同意 調
（本介紹信有效日期：即日起至 月 日止）

11

卡 类

现代生活的便捷钥匙与社会进步的缩影

卡类票证作为现代生活中不可或缺的一部分，已经渗透到我们生活的方方面面。它们不仅简化了交易过程，让生活更便利，而且通过各种优惠和服务，提升了我们的生活品质。

例如，医疗保障卡极大地提高了医疗服务的便利性和效率，使患者能够更加及时地得到治疗。烟草行业的烟卡也是一类具有代表性的卡类票证。烟卡的推出，增加了烟草产品的销售量。此外，烟卡还具有文化价值，反映了不同历史时期的社会风貌和审美观念。通信领域的各类话费充值卡和一卡通等，使持卡人可以通过这些卡方便地进行话费充值，享受各种优惠和服务。同时，一卡通等综合服务卡的出现，使得城市交通、购物、餐饮等消费变得更加便捷。此外，超市消费卡、会员卡、加油卡、旅游卡等也为我们的日常生活提供了诸多便利。

如今，各类卡类票证已经成为我们生活中不可或缺的一部分。它们在提供便利的同时，也反映了社会的进步和经济的发展。诸暨市作为一个具有代表性的地区，其在医疗、通信等领域的发展变化也反映了整个国家在这些方面的进步。医疗保障制度的不断完善、通信技术的快速发展以及商业服务的日益丰富，都为诸暨人民的生活提供了更多的便利和选择。随着科技的不断进步和应用的不断深化，实体卡将转化为电子卡，在更多领域发挥其独特的作用，进一步提升人们的生活质量。

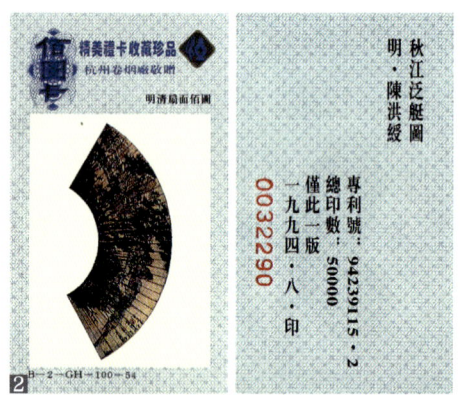

延伸阅读：基本医疗保险

诸暨的基本医疗保险费于 2001 年 10 月开征，单位缴费率为 5.4%（其中 0.4% 为重大疾病救助费，个人无须缴费）。2003 年，医保征缴单位 552 家，累计入库 1.45 亿元，征收率 99%，同比增长 154%。至 2012 年，全市城镇职工基本医疗保险参保人数 19.61 万人。

延伸阅读：烟卡

烟卡的历史可以追溯到 20 世纪初，当时烟草行业为了促销产品，在烟草制品中附上印有精美的图案和文字的卡片，形成了一种独特的宣传品。随着时间的推移，这些烟卡逐渐成为一种文化现象，反映了不同历史时期的社会风貌和审美观念。本书中收录的烟卡基本和诸暨的人文历史相关。[1]

延伸阅读：诸暨电信

改革开放后，诸暨电信从最原始的摇把子电话、架空明线铜缆，到纵横制自动电话交换机，再到程控交换机、大通路光纤通信、3G 移动通信、多媒体信息化发展；从单一的电报、电话语音业务服务，到基本可以做到在任何时间、任何地点，为各类客户提供多样化、个性化的通信服务和互联网服务，通信网络日益扩大，通信能力成倍增长，推动社会信息化水平快速提高。特别是进入 21 世纪后，诸暨电信按照综合信息提供商的方向成功转型，推进网络智能化和信息化升级换代。诸暨电信初期政企合一、行业垄断，随着改革的深入，1997 年中国移动通信集团浙江有限公司诸暨分公司和 1999 年中国联合通信有限公司诸暨分公司相继成立。2002 年电信局更名

1. 1994 年陈洪绶《戏佛图轴》烟卡（正面、反面）烟卡是一种收藏品，它附在香烟中。烟卡内容丰富，涉及各种小说、神话等。
2. 1994 年陈洪绶《秋江泛艇图》烟卡（正、反面）
3. 1995 年《五泄飞瀑》烟卡（正、反面）

[1]. 诸暨市地方志编纂委员会办公室编：《诸暨市志（1979—2012）》，浙江古籍出版社，2021 年。

4 1996年《越王·勾践》烟卡（正、反面）
5 1998年《春秋越·范蠡》烟卡（正、反面）
6-12 各式话费充值卡

为中国电信集团股份有限公司诸暨分公司。诸暨电信行业逐步演变成多个独立运营主体的竞争性社会服务行业。

延伸阅读：移动电话的发展

1993年，诸暨市邮电局模拟式移动通信开通，当年发展用户321户。1996年10月，开通139全球通数字移动通信，新增用户3196户。1997年，数字移动通信全球通（GSM）信号覆盖全市，在全省县市中位居第一，用户总数1.23万户。2000年5月，移动公司推出全球通手机上网（WAP）、全球通IP电话和移动秘书服务，至12月底，移动公司用户突破10万户。是年，联通公司130、131、GMS网络覆盖全市所有乡镇，并有133CDMA网络建成运行。截至2012年，电信公司CDMA网移动用户20.93万户，其中3G移动用户11万户。移动公司全年运营收入6.69亿元，通话用户82.79万户。[2]

延伸阅读：诸暨商业所有制结构

1979年，诸暨县有商业经营网点1694个。其中，国营经营网点155个，供销社经营网点740个，集体所有制经营网点190个，代购代销店597个，有证个体商业网点12个。1987年，全县共有商业机构11579个，其中国营和供销合作社商业机构1264个，集体所有制商业经营机构819个，个体有证商业网点9496个。至2012年，全市有限额以上批零贸易企业188家，从业人员7442人。此外，还有规模较小的个体私营商贸服务企业30788家，从业人员50400人。[3]

延伸阅读：电视发展

1991年12月19日，决定建立诸暨电视台。2001年机构改革，广播电视局由行政局转为事业局，改名为

1-11 各式话费充值卡

2、3. 诸暨市地方志编纂委员会办公室编：《诸暨市志（1979—2012）》，浙江古籍出版社，2021年。

中国移动通信
CHINA MOBILE
移动通信专家
SHEEN盛名
浙江盛名机电制造有限公司
ZHEJIANG SHEEN ELECTROMECHANIC MANUFACTURING CO.,LTD
绣机制造专家
移动电话缴费卡
¥100
T714(1-1)·SX
地址：浙江省诸暨市浣东工业区盛名路
电话：0086-575-7351221
网址：www.sheensm.com
信箱：sheen@zjip.com
4

中国移动通信
CHINA MOBILE
移动通信专家
兴达家居
诸暨市兴达家居广场
ZHUJI XINGDA FURNITURE CO.,LTD
诸暨市兴达家居广场
移动电话缴费卡
诸暨市兴达家居广场
¥100
T512(1-1)·SX
5

中国移动通信
CHINA MOBILE
移动信息专家
国家电网
STATE GRID
绍兴诸暨市供电局
国家电网
STATE GRID
T0061(4-3)·SX
诸暨市供电局
100元
手机充值卡
6

中国移动通信
CHINA MOBILE
移动通信专家
至诚至信
服務大衆
雄城大厦
MARKET OF XIONG CHENG
MARKET OF XIONGCHENG
移动电话缴费卡
诸暨雄城大厦百货有限公司
¥100
T527(1-1)·SX
7

中国移动通信
CHINA MOBILE
移动信息专家
中国建设银行
China Construction Bank
诸暨支行
龙卡 汽车卡
AUTO
4367 4588 8888
VISA
移动电话缴费卡
¥100
T1112(1-1)·SX
8

中国移动通信
CHINA MOBILE
移动信息专家
国家电网
STATE GRID
绍兴诸暨市供电局
T0061(4-4)·SX
诸暨市供电局
100元
手机充值卡
9

中国移动通信
CHINA MOBILE
移动通信专家
正大汽车
人诚品正
移动电话缴费卡
诸暨市正大汽车有限公司
¥50
T594(1-1)·SX
地址：浙江省诸暨市环城西路181号
电话：0575-7102222 7103222
10

中国移动通信
CHINA MOBILE
移动信息专家
国家电网
STATE GRID
绍兴诸暨市供电局
T0061(4-2)·SX
诸暨市供电局
100元
手机充值卡
11

诸暨市广播电视台。1993 年，诸暨开始建设有线电视网络和科技信息终端网络。1996 年，市广电部门投资 200 余万元架设光缆线路 56 千米，在全省率先与地市有线电视实现光缆联网。全市 35 个乡镇全部建成有线电视网络。2005 年，诸暨电视台进入网络数字化改造阶段，通过数字化网改，建立基于 FTTB（光纤到楼）模型的有线电视网络，实现从模拟电视到数字电视的转变。[4]

延伸阅读：互联网发展

1998 年 3 月，诸暨市科委组建因特网信息服务中心，申请"诸暨"域名，教学仪器站在城关镇第一中心小学首次展示 CAI 课件。年底，全市 105 万余常住人口信息全部实现计算机管理，并实现全国百城联网。1999 年，诸暨初步建成三库二网，即诸暨市技术需求库、科技成果库、科技人才库和生产力促进网、因特网培训中心。诸暨最早的综合性门户网站"诸暨在线网站"建立。

延伸阅读：诸暨日报

《诸暨报》于 1955 年 7 月创刊，为中国共产党诸暨中心县委机关报。1958 年 7 月改日刊，易名《诸暨日报》。1961 年 2 月，报纸停刊，共出报 1051 期。1980 年 10 月，《诸暨报》复刊。1994 年 10 月 1 日，《诸暨报》改为《诸暨日报》。2001 年，《诸暨日报》创设电子版；在浙江在线网站的《市县新志》栏目中推出诸暨网页。2002 年，《诸暨日报》电子版进行改版，申请一级域名。2004 年 1 月，《诸暨日报》社成为《浙江日报》报业集团下属子报。2012 年，《诸暨日报》报业大楼建成并投入使用。[5]

1 雄风超市消费卡
2 雄风百货广场会员卡
3 雄城大厦幸运刮刮卡

4、5. 诸暨市地方志编纂委员会办公室编：《诸暨市志（1979—2012）》，浙江古籍出版社，2021 年。

延伸阅读：民生工程——《文明实践》爱心食堂

发展老年助餐服务是重要民生工程，也是支持居家社区养老、增进老人福祉的重要举措。2023年10月，国务院常务会议审议通过了《积极发展老年助餐服务行动方案》，指出要把发展老年助餐服务作为为民办实事的重要内容。紧密结合各地实际，积极稳妥、因地制宜发展老年助餐服务，采取倾斜性措施支持农村地区扩大服务供给。自2024年9月1日起，《浙江省发展老年助餐服务行动实施方案》正式施行，方案规范了老年助餐服务对象和服务内容。坚持"保基本""兜底线"，优先为"不能烧、不想烧、不会烧"三类老年群体提供助餐服务，以公益为支点，撬动社会力量。

近年来，诸暨市创设食堂文明实践点，并集成社会资源公益力量，构建"个人出一点、基金捐一点、政府补一点、志愿帮一点、经营筹一点"的筹资模式，融入"爱心食堂·共享五福"文明实践多跨服务，推动形成长效运行体系，有效破解了"舌尖上的养老"难题。诸暨探索出一条具有当地特色的文明实践新路径，成为其建设精神文明高地的又一张金名片。

据统计，自2021年6月工作启动至今，诸暨市已建成爱心食堂288家，服务389个村社1.4万余名老年群体，覆盖率达79.07%。2022年，诸暨市爱心食堂相关做法获评浙江省第二批共同富裕示范区最佳实践。

4 诸暨市游泳馆冬季月卡
5 诸暨第一百货会员卡
6 诸暨市第一百货商店会员卡
7 诸暨在线上网卡 8 诸暨市广播电视台付费卡
9 诸暨市"文明实践"爱心食堂就餐卡（一组3张）
10 诸暨日报消费服务一卡通

1 诸暨市城镇居民医疗保障卡

城镇居民医疗保障是为城镇居民提供医疗保障的医疗保险制度，是一种以政府为主导，以居民个人（家庭）缴费为主，政府适度补助为辅的筹资方式。该卡根据缴费标准和待遇水平相一致的原则，为城镇居民提供强制性的基本医疗保险。

2 各式话费充值卡

3 中国移动手机充值卡

4 海亮私立中学移动电话缴费卡

5 一百购物节刮奖券（正、反面）

6 海越皇冠加油站加油卡（正、反面）

7 诸暨公交IC卡

8 诸暨市旅游年卡

9 诸暨旅游一卡通

10 西施故里旅游年卡

11 杭州通·都市圈诸暨卡

12 杭州通·都市圈诸暨卡使用指南

⑨ 诸暨旅游一卡通 国家级风景名胜区 ¥60 浣江五泄 一卡在手 西施故里任君游 诸暨市旅游投资发展有限公司

⑩ XISHI HOMETOWN 浙江·诸暨 西施故里 旅游年卡 情人眼里出西施 西施故里在诸暨 诸暨市旅游局 西施故里旅游管理处 www.wuxie.com.cn 办卡热线：7010116

⑪ 杭州通·都市圈诸暨卡

⑫ 杭州通·都市圈诸暨卡 使用指南 市人力资源和社会保障局 制

票 类

诸暨社会变迁与文化繁荣的见证者

票类票证作为社会发展的见证,在诸暨的历史长河中扮演着重要的角色。从传统的车船票、旅游景区票,到现代的体育赛事入场券、文艺演出入场券,这些票证不仅为人们提供了便利,也反映了诸暨的社会变迁。

在过去的几十年里,诸暨的交通方式经历了巨大的变革。从最早的木帆船到现代的铁路系统,这种发展在票类票证上得到了明显的体现。车船票的出现满足了人们出行的需求,而铁路系统的兴起则为诸暨的发展注入了新的活力。随着浙赣线的开通和高速动车组的引入,诸暨的铁路客运量逐年增长,城市与外界的联系不断加强。旅游景区票作为进入各个景点的凭证,见证了诸暨旅游业的发展。西施故里旅游区和五泄风景区的建设与开放,吸引了大量游客前来观光游览,推动了诸暨旅游业的发展。文艺演出入场券和体育赛事入场券则满足了人们对文化生活的需求,展现了诸暨市民对高品质生活的追求。

这些入场票券作为诸暨社会发展的见证,反映了诸暨在经济、文化和交通等方面的进步。随着时间的推移,诸暨将继续发展,而这些票证将继续扮演着重要的角色,记录着这座城市的过去与现在。

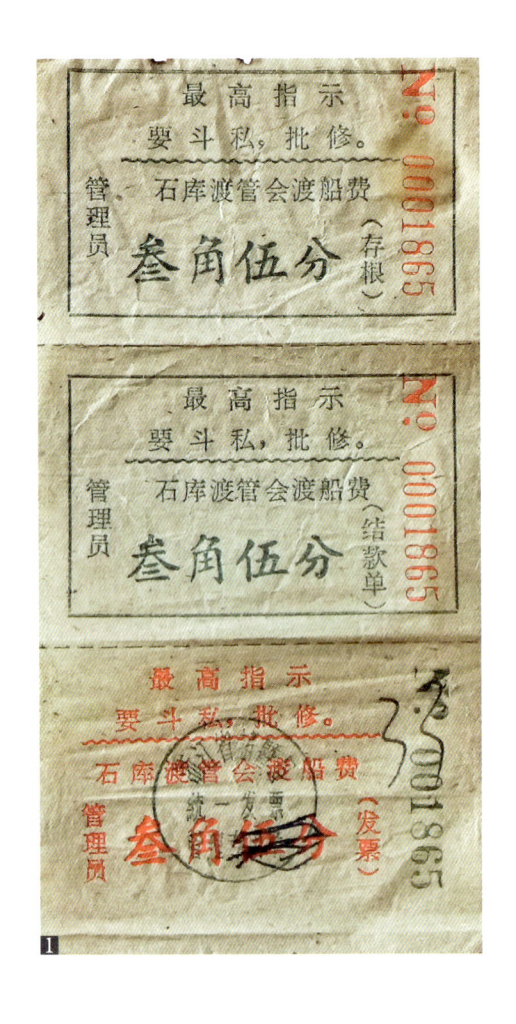

延伸阅读：渡船

1949 年，诸暨全县有木帆船 180 只，计 960 吨位。1987 年底，全县有沿江渡船 56 只。之后陆路交通开始发展，渡船逐渐减少，1973 年，全县境内有渡口 54 处，渡船 71 艘。1987 年，有行人渡口 20 处、交通渡口 1 处、水库渡口 8 处。1989 年，有渡口 28 处，渡船 42 艘，渡工 23 人。目前，尚有枫桥镇新东坞村新杨渡口 1 处。[1]

延伸阅读：三轮卡

1966 年，诸暨县运输公司首先使用小飞马牌三卡机动车，载重 0.5 吨。后仿上海 58-1 型机动三卡装配 8 辆，以柴油机为动力，载重 1 吨。1973 年，全县专业运输车辆有 53 辆。1982 年，引进天目山牌三卡车，客货兼运，发展迅速，遍及城乡。[2]

延伸阅读：铁路系统

1979 年，铁路浙赣线诸暨段全长 56.70 千米，共设 7 个车站。诸暨站过往固定旅客列车 10 对；铁路客运量 118 万人次，货运量 89 万吨。20 世纪 80 年代，铁路诸暨境内曾增设 5 个小车站（会让所）。2006 年 6 月，浙赣线提速改造后，撤销直埠、红门、外陈、安华 4 个车站，诸暨站和诸暨西站（货场）同时移位。新建的诸暨、诸暨东、湄池、牌头 4 个车站中，诸暨站为客运站。2007 年 4 月，诸暨火车站开通高速动车组 3 列。至 2012 年，铁路沪昆线诸暨境内段全长 51.30 千米，共设 4 个车站，铁路桥梁 30 座，沪昆铁路隧道 5 条，每天停靠旅客列车增至 81 列，其中动车组 15 列；铁路客运量 160 万人次，货运量 7 万吨。[3]

[1] 1960 年底石库渡管会渡船费
诸暨境内河网密布，历史上浦阳江沿线设置了较多渡口。至 1978 年时全市有渡口 51 个，渡船 68 艘。

1. 诸暨市地方志编纂委员会办公室编：《诸暨市志（1979—2012）》，浙江古籍出版社，2021 年。
2. 诸暨县地方志编纂委员会编：《诸暨县志》，浙江人民出版社，1993 年。

延伸阅读：西施故里旅游区

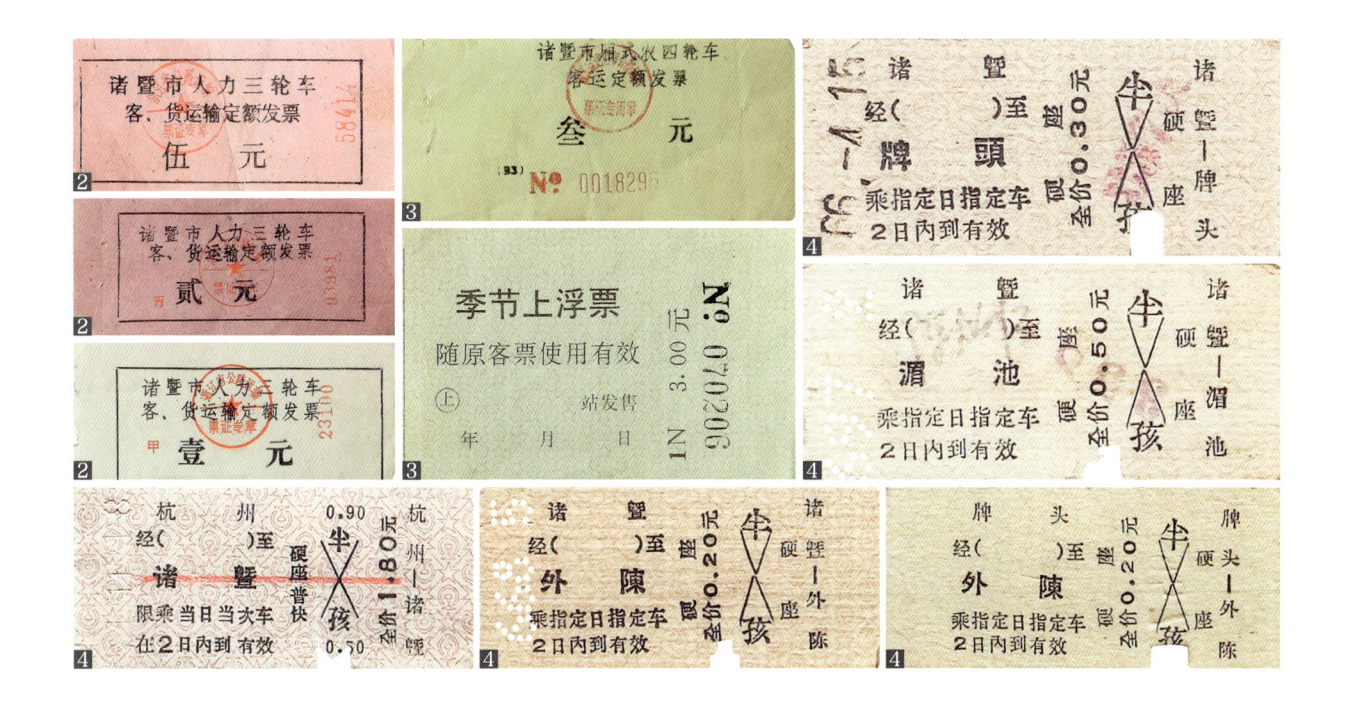

2 诸暨市人力三轮车客、货运输定额发票

3 诸暨市人力三轮车、厢式农四轮定额发票及季节上浮票
改革开放之后，私人运输业逐渐兴隆，城内以人力三轮车为主要运输工具，城乡以厢式农用车（俗称小四轮）为主，为定额票价，遇到节假日部分价格会上浮。

4 诸暨境内各火车站乘车凭证

3、4. 诸暨市地方志编纂委员会办公室编：《诸暨市志（1979—2012）》，浙江古籍出版社，2021年。

1981年，在苎萝山麓重建西施亭，整修"浣纱"摩崖石刻和配套游步道及栈桥。1986年起，投资90万元，其中群众集资46万元，重建西施殿。殿址占地5000平方米，1990年10月竣工。2002年4月，完成西施殿扩建工程，扩建后面积达到2.1公顷。2003年，浣江东岸西施故里一期工程正式启动，2007年始，实施浣江东岸西施故里二期工程，先后完成庙会广场、一条街延伸段环境景观、开化江堤防、金鸡山环境景观、西施滩湿地公园等项目以及停车场、游步道、厕所等配套工程。4

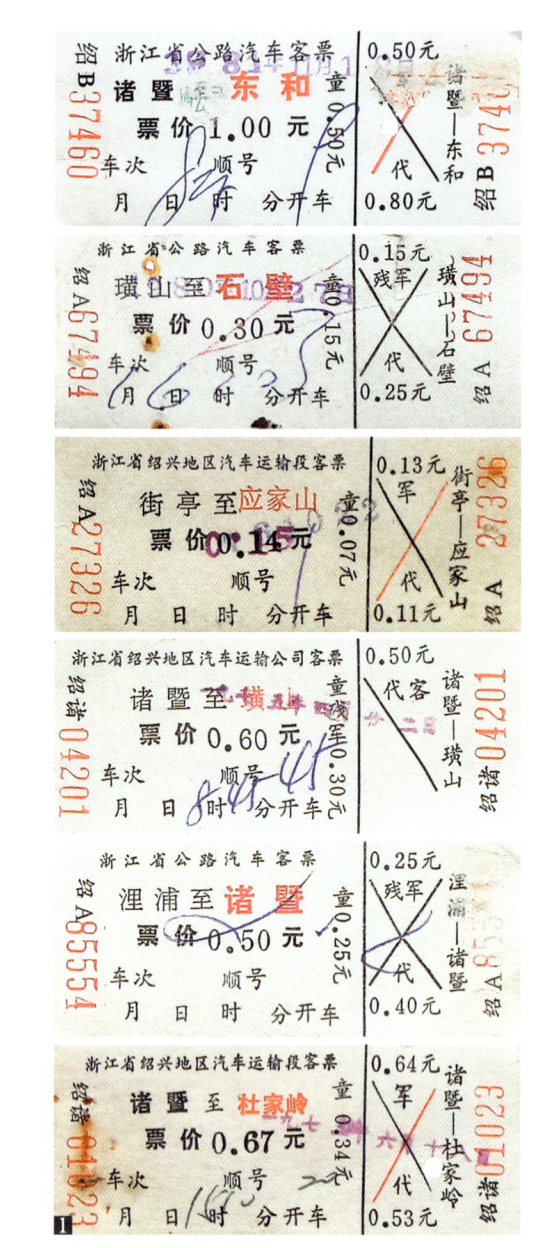

1 诸暨境内各汽车站客票
2 1979年上海铁路局暂存物品报销凭证
3 1998年诸暨市客运出租汽车专用发票
4 1999年诸暨市出租汽车专用定额发票
5 诸暨长途汽运公司车售票
　诸暨市公路运输管理所车售票

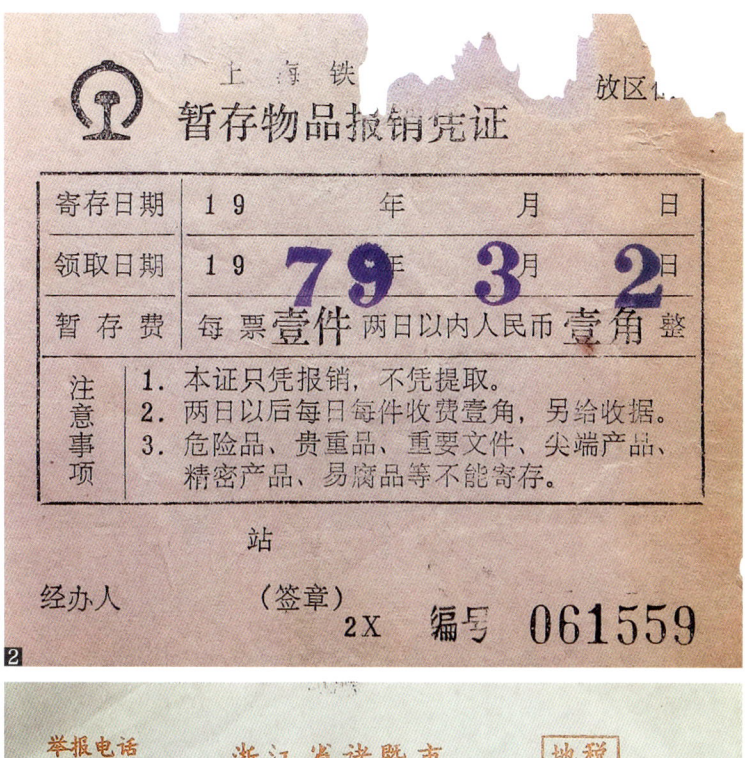

上海铁路 暂存物品报销凭证

寄存日期	19 年 月 日
领取日期	19 **79** 年 **3** 月 **2** 日
暂存费	每票壹件 两日以内人民币壹角整
注意事项	1. 本证只凭报销,不凭提取。 2. 两日以后每日每件收费壹角,另给收据。 3. 危险品、贵重品、重要文件、尖端产品、精密产品、易腐品等不能寄存。

站
经办人　　　（签章）
2X　编号 061559

浙江省诸暨市客运出租汽车专用发票
发票联
19 年 月 日 客户名称
人民币陆元（营业额）
绍兴（诸98C）No 0052317

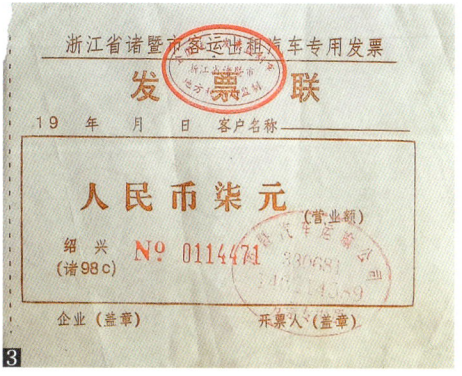

浙江省诸暨市客运出租汽车专用发票
发票联
19 年 月 日 客户名称
人民币柒元（营业额）
绍兴（诸98C）No 0114474

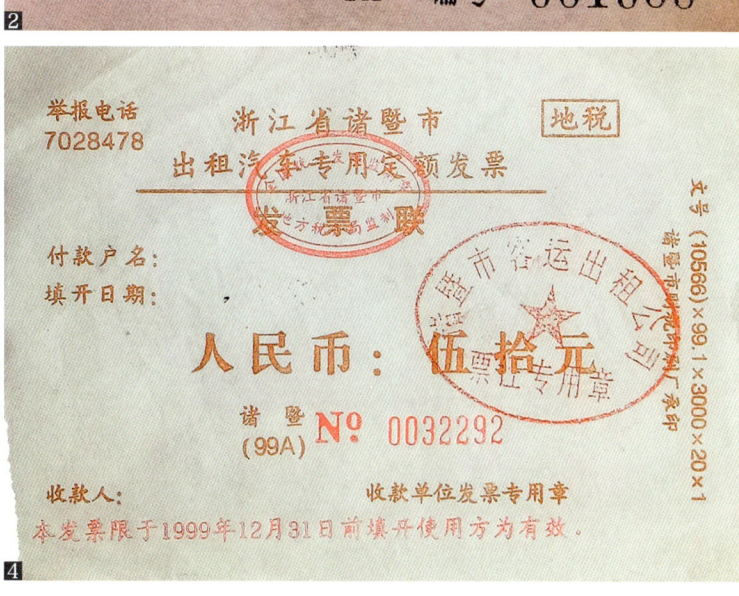

举报电话 7028478
浙江省诸暨市 出租汽车专用定额发票 【地税】
发票联
付款户名：
填开日期：
人民币：伍拾元
诸暨（99A）No 0032292
收款人：　　收款单位发票专用章
本发票限于1999年12月31日前填开使用方为有效。

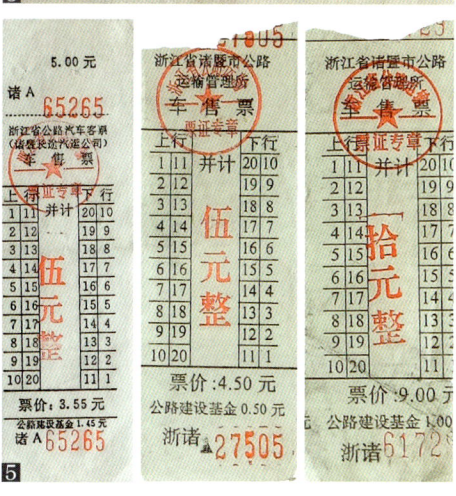

5.00元　诸A 65265
浙江省公路汽车客票（诸暨长途汽运公司）
车售票
上行 证专章 下行
伍元整
票价:3.55元
公路建设基金1.45元
诸A65265

浙江省诸暨市公路运输管理所
车 售 票
上行 并计 下行
伍元整
票价:4.50元
公路建设基金0.50元
浙诸 27505

浙江省诸暨市公路运输管理所
全 售 票
上行 证专章 下行
壹拾元整
票价:9.00元
公路建设基金1.00元
浙诸 6172

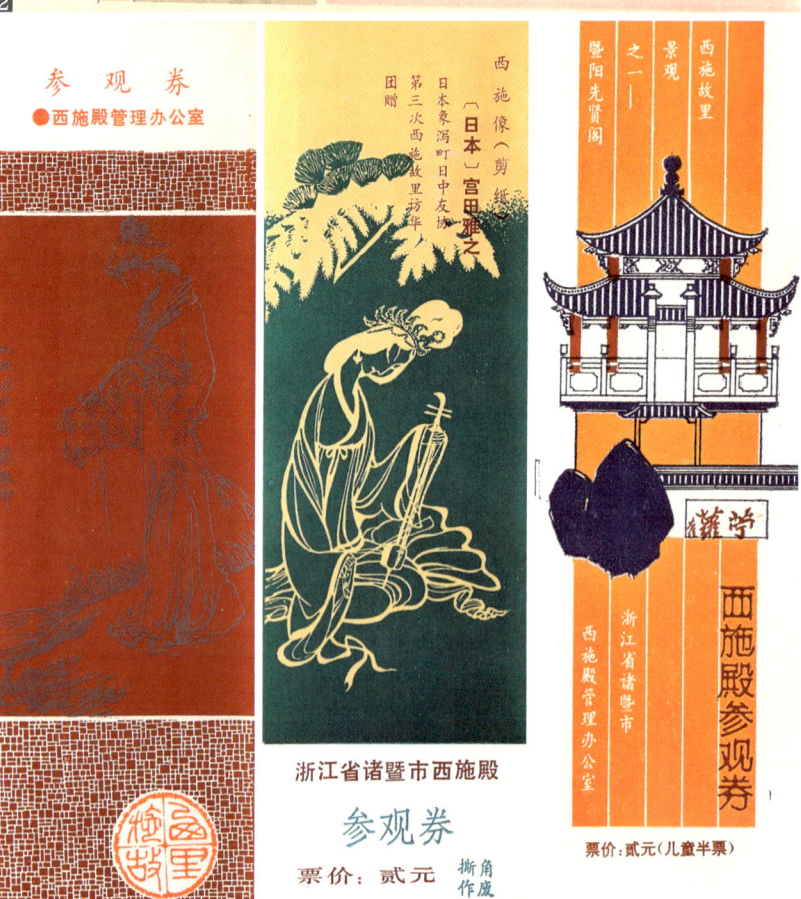

1 《西施故里——西施故里/旅游区》中国邮政明信片（背面）

2 各个时期的西施殿参观券

3 西施故里景区门票

4 2004年西施殿门票抵价券

5 西施故里旅游区水上游乐场游乐券

6 各个时期的西施殿参观券

051

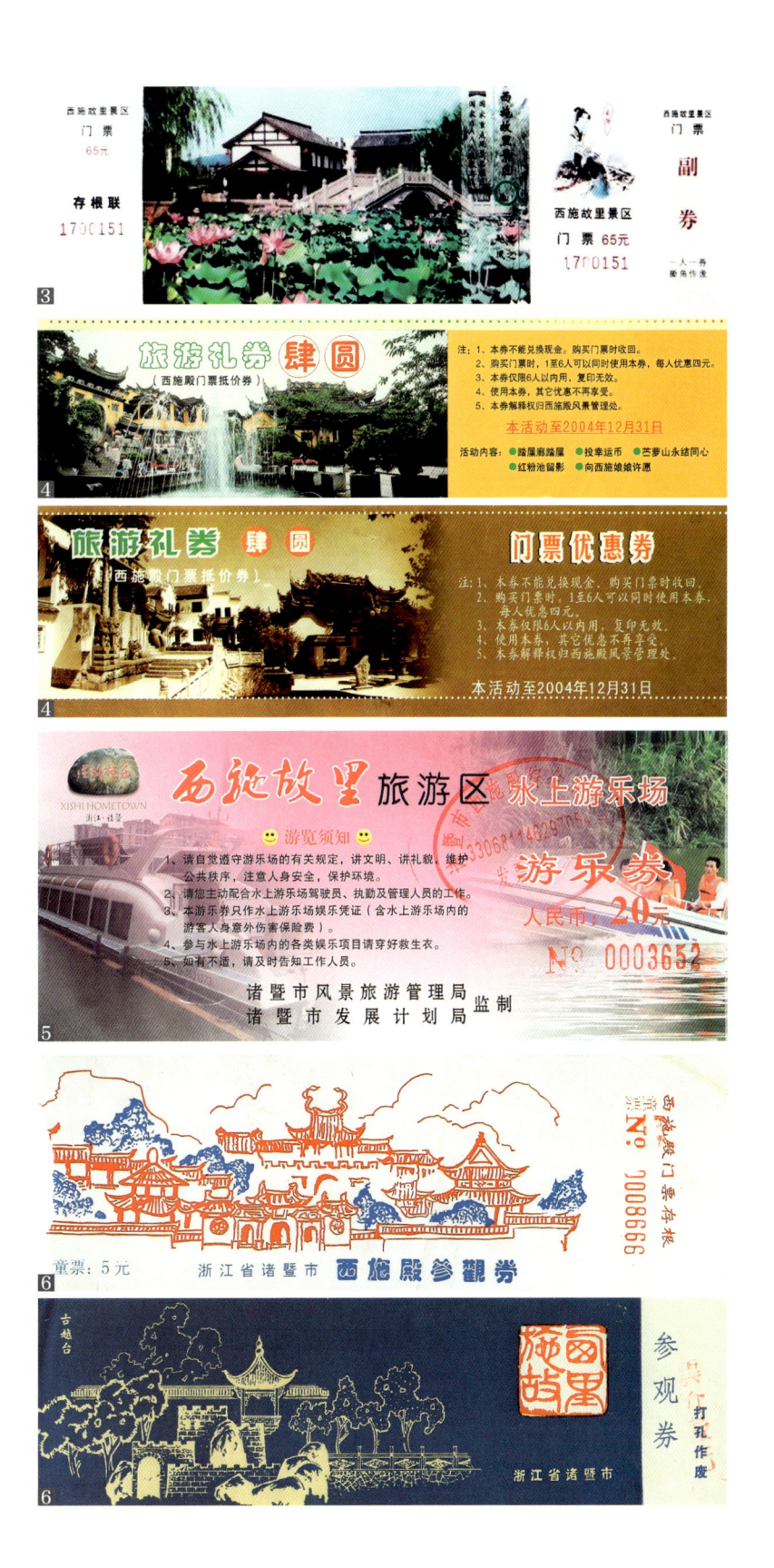

1-7 各个时期的西施殿参观券

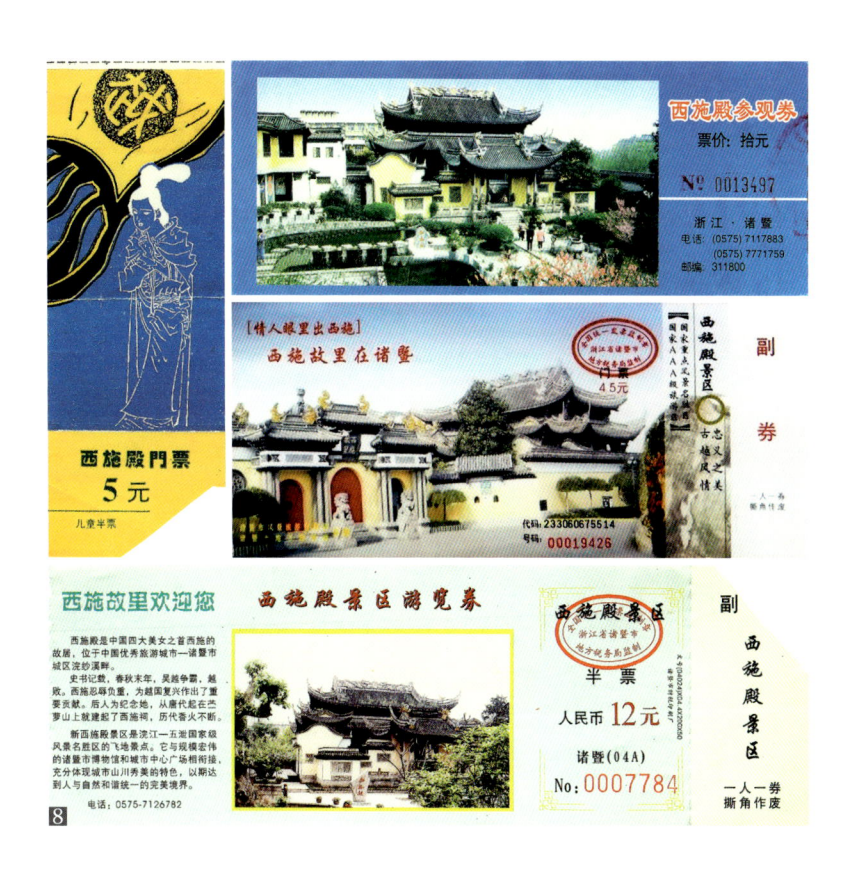

8 各个时期的西施殿参观券
9 西施故里旅游区水上娱乐城的娱乐券

1 各个时期的西施殿参观券西施故里旅游区联票（儿童学生优惠券）

2 中国优秀旅游城市西施故里——诸暨市游览券

3 各个时期的西施故里·汤江岩双人消费券

4 各个时期的西施故里诸暨市一日游A线和B线游览券（联票）

5 诸暨旅游联票门票

6 诸暨一日游C线游览券

7 西施故里范蠡祠入场券、功德券

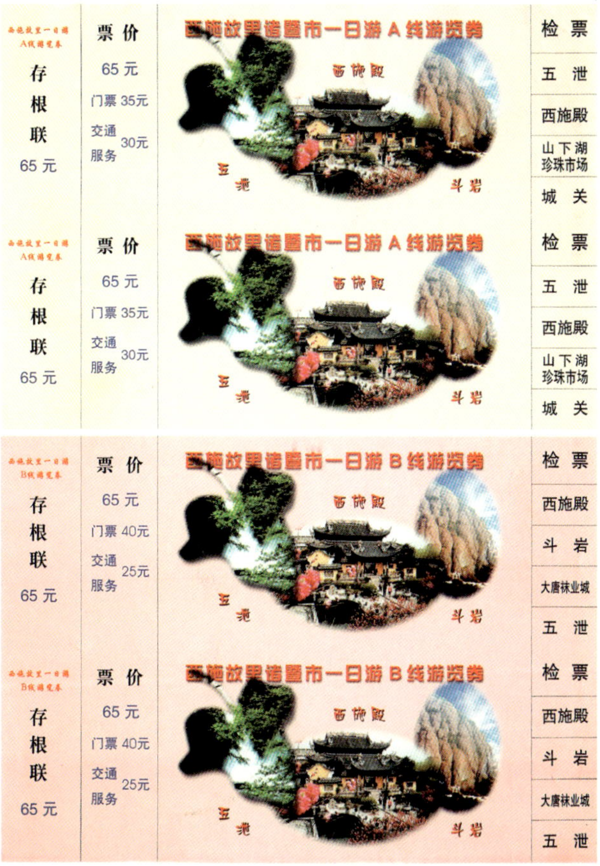
票 价
65 元
门票 35元
交通服务 30元
存根联
65 元
西施故里诸暨市一日游 A 线游览券
西施殿
五泄
斗岩
检 票
五 泄
西施殿
山下湖珍珠市场
城 关
西施故里诸暨市一日游 B 线游览券
门票 40元
交通服务 25元
斗 岩
大唐袜业城
4

浣江·西施殿
XI SHI DIAN FENG JING QU
浣江·五泄风景区
XU XIE FENG JING QU
浣江·斗岩·汤江岩风景区
DOU YAN TANG JIANG YANG FENG JING QU
门票8折
8折
6折
7折
5

醉美 紹行 Zuimei SHAOXING
存 根
C线
0000503
江南名城 醉美绍兴
诸暨一日游
C线
文明出行 一路平安
建议购买旅游意外保险
上车时间：7:30 地点：绍兴火车站出口处
附 券
C线
0000503
6

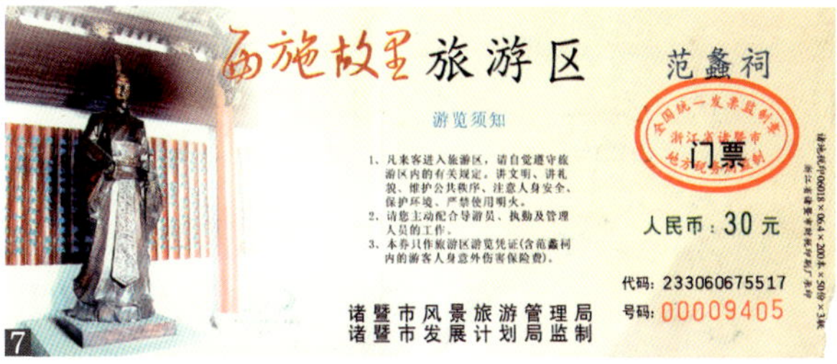
西施故里旅游区
范蠡祠
游览须知
门票
人民币：30 元
代码：233060675517
号码：00009405
诸暨市风景旅游管理局
诸暨市发展计划局监制
7

西施故里旅游区范蠡祠落成典礼
功德券
起捐50元，随喜。
仅限当天使用 盖章有效
7

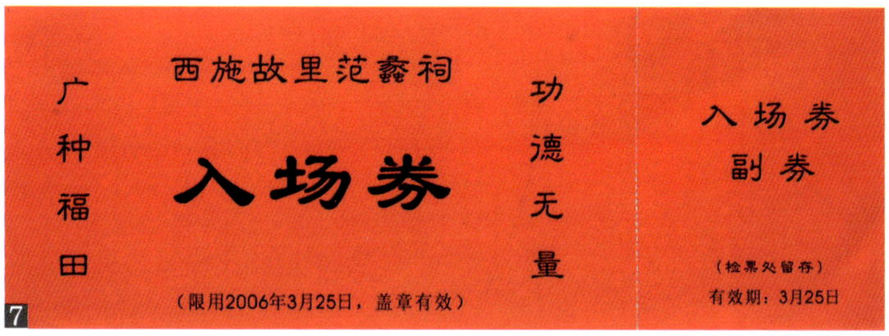
西施故里范蠡祠
广种福田
入场券
功德无量
（限用2006年3月25日，盖章有效）
入场券
副券
（检票处留存）
有效期：3月25日
7

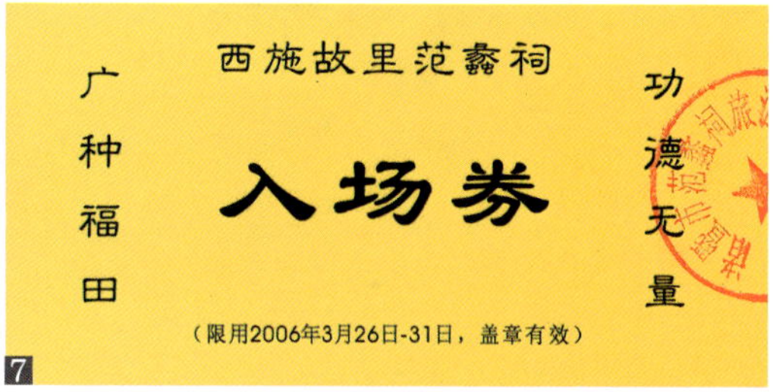
西施故里范蠡祠
广种福田
入场券
功德无量
（限用2006年3月26日-31日，盖章有效）
7

延伸阅读：五泄风景区

位于诸暨市西北郊 20 千米处，总面积 50 平方千米，是久负盛名的江南旅游胜地。景区七十二峰、三十六坪、二十五崖、十石、五瀑、三谷、二溪、一湖构成山水画卷。东汉《越绝书》、北魏《水经注》、唐代《隋书》等对此均有描述。1985 年元旦，五泄风景名胜区正式对外开放，8 月，省政府批准为省级风景名胜区，当年游客量 2.50 万人次。2002 年 7 月，国家旅游局评定五泄风景区为国家 AAAA 级旅游区。2003 年 12 月，国家林业局批准建立五泄国家森林公园。[5]

延伸阅读：诸暨市博物馆

位于东一路菱塘山，占地 1.33 公顷，1997 年 5 月动工，12 月竣工。占地面积 20 余亩，建筑面积 3600 平方米，主体建筑依山而建，高低错落，气势恢宏，以汉风为基调，采用高平台、方屋顶的仿汉建筑造型，内以九曲回廊相连，曾被评为浙江省县级博物馆的样板工程。1998 年 10 月对外开放。截至 2019 年末，诸暨市博物馆收藏馆有 3836 件/套，其中珍贵文物 241 件/套，举办展览 29 个，开展教育活动 11 次，参观人数 165 万人次。[6]

延伸阅读：文艺演出

1952 年 6 月，诸暨全县有工农业余剧团 234 个。1955 年 1 月，城区举行全县文娱体育表演大会，有 1126 人参加演出，年龄最大的 64 岁，最小的 12 岁。1956 年 12 月，举行全县民间音乐舞蹈会演，300 多人演出 50 多个节目。1958 年，全县有 709 个农村俱

❶ 重建西施殿公开信
❷ 诸暨市博物馆参观券

5、6. 诸暨市地方志编纂委员会办公室编：《诸暨市志（1979—2012）》，浙江古籍出版社，2021 年。

3 《西施故里——五泄旅游区》中国邮政明信片（反面）

4 各个时期的五泄风景区门票

7. 诸暨县地方志编纂委员会编：《诸暨县志》，浙江人民出版社，1993年。

8. 诸暨市地方志编纂委员会办公室编：《诸暨市志（1979—2012）》，浙江古籍出版社，2021年。

乐部、330个业余剧团。1959年6月，枫桥、五星、东风公社文工团，参加宁波地区会演，有5个节目获奖。党的十一届三中全会后，群众文艺日益繁荣。[7] 1978—1987年，举行全县业余文艺、音乐舞蹈调演、会演7次，有88个代表队参加，演出282个节目，其中有74个节目获奖；参加绍兴地区（市）业余文艺、音乐舞蹈会演、调演5次，有40个节目获奖；参加省业余文艺创作节目会演1次，莺歌调《光辉的足迹》获创作、演出奖。[8]

1 各个时期的五泄风景区门票
2 五泄禅寺参观券
3 五泄风景区摩托艇票（连票）
4 五泄风景区摩托艇票
5 各个时期的五泄风景区船票

中国林业之乡
王光英
五泄风景区门票
中国林乡
浙江大唐
¥:35元
副券:
优惠价20元
№ 020928
五泄风景区游览门票
存根
№ 020928
地址：浙江省诸暨市大唐镇 电话：0575-7742211 传真：0575-7742211 邮编：311801
五泄
浣江
国家重点风景名胜区
国家森林公园
五泄风景名胜区
门 票：80元
（含船票）
代码：233060675548
号码：00053235
诸暨市风景旅游管理局
诸暨市地方税务局 监制
浙江五洩风景区
ZHEJIANG WUXIE
SCENIC SPOT
№ 0210510
副 券
电话：(0575)7071359 7077101
邮编：311807

1

唐代古刹
五洩禅寺
参观券
参观 留念
№ 0017952
副 券
唐代古刹
五洩禅寺
参观券
副 券

2

存根
肆拾元
票价
肆拾元
（摩托艇）
电话:(0575)
7771990
7771121
邮编:311807
五泄風景區
检票
五泄风景区
存根
肆拾元
票价
肆拾元
（摩托艇）
电话:(0575)
7771990
7771121
邮编:311807
五泄風景區
检票
五泄风景区

3

存根
伍拾元
票价
伍拾元
（摩托艇）
电话:(0575)
7771990
7771121
邮编:311807
五泄風景區
检票
五泄风景区
存根
伍拾元
票价
伍拾元
（摩托艇）
电话:(0575)
7771990
7771121
邮编:311807
五泄風景區
检票
五泄风景区

3

票价
肆拾元
（摩托艇）
电话:(0575)
7771990
7771121
邮编:311807
№ 0016227
五泄風景區

4

五洩湖游览船票
壹元
来回票
浙江省级風景区

5

西施故里五泄旅游度假区
副 券
№ 008301
画舫船
票价
单程 5.00元

5

西施故里五泄旅游度假区
电话：(0575)7071359 邮编：311807
副 券
№ 008302
画舫船
票价
单程 5.00元

5

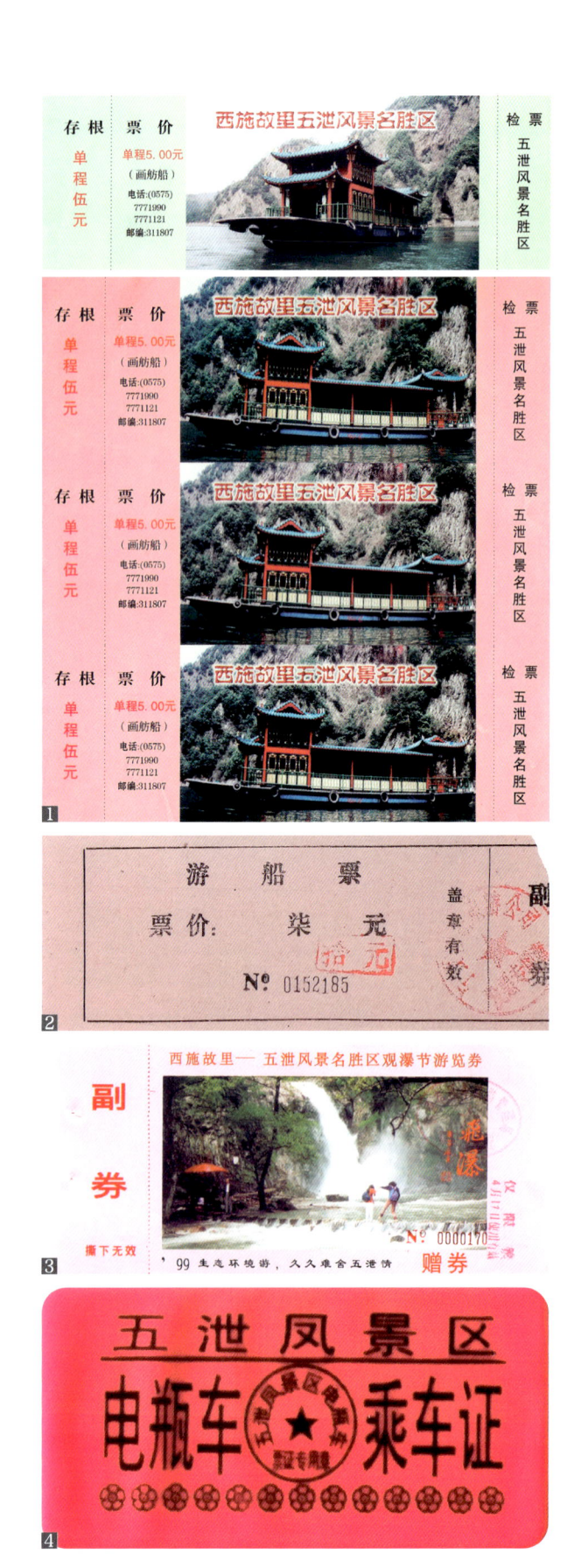

1 五泄风景名胜区画舫船票
2 五泄风景区游船票
3 五泄风景名胜区观瀑节游览券（赠券）
4 五泄风景区电瓶车乘车证

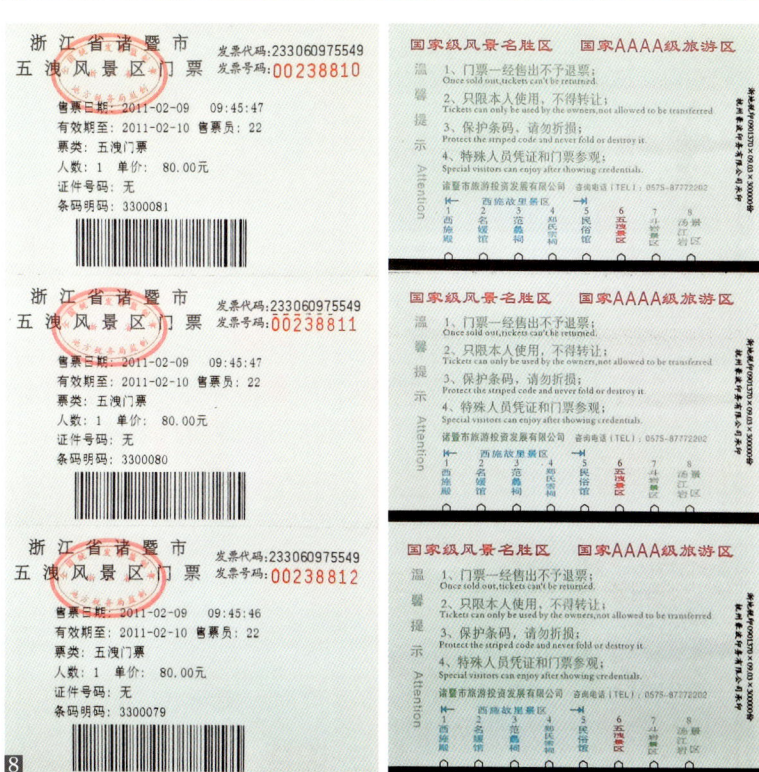

5 五泄旅游公司游艇票
6 五泄风景区门票打折券
7 2000年诸暨市第二届五泄观瀑节开幕式入场券
8 五泄风景区门票

1 五泄风景区门票
2 西施故里—五泄飞瀑旅游套票
3 五泄风景区电子门票封套
4 五泄·奇幻漂流优惠券
5 《西施故里——汤江岩景区》中国邮政明信片（反面）
6 各个时期的汤江岩景区门票
7 汤江岩水上游乐项目活动券
8 汤江岩景区户外拓展运动门票
9 汤江岩国家级户外体育营地活动券
10 汤江岩风景名胜区门票

【西施故里明信片】
汤江岩
Tang jiang yan
逆境求存绝境求生
Survival in the extremity
汤江岩也是浣江五泄国家重点风景名胜区主要景点之一，在诸暨市西南，与斗岩景区相距不足10公里，因景区世居汤姓，滨阳江边的擎天巨岩，也就称汤江岩。汤江岩景区面积14平方公里，"三面青山一面湖"，由汤江岩、虎洞山、灵屏寺、五指山、安华湖等主要景点构成。在汤江岩中心区，古称三十六景，旧志曾有「岩高百丈，奇险历落，无山不崖，无崖不石，无石不洞，无洞不穿，凡三十六景」的记载。
电话：0575-7560655
5

汤江岩景区
免费门票
存根联
0040649
汤江岩
免费门票
0040649
诸暨风景旅游管理局 监制
副券
撕角作废
一人一券
6

存根
伍元
票价
伍元
电话:
0575-7569655
邮编:
311800
五指山(汤江岩)景区简介
五指山（汤江岩）风景区位于诸暨市南30公里处，面积14平方公里。景区内奇石险峻，洞群林立。
大自然的鬼斧神工，造就了"无山不崖、无崖不石、无石不洞、无洞不穿"的奇特风景。高达300多米的汤江大岩，雄奇惊世，壁立千仞。岩底建有寺院，称"悬空寺"，寺内冬暖夏凉，清幽异常。五指山形如一掌伸出五指，接天摩云，远之可见。
检票
五指山(汤江岩)景区
6

浙江省诸暨市汤江岩景区门票
发票联
票价：贰拾元
发票代码：233060975552
发票号码：00010259
6

汤江岩风景名胜区欢迎您！
游览须知
门票
人民币：15元
发票代码:233060575552
发票号码00006760
诸暨风景旅游管理局
诸暨市发展计划局 监制
6

汤江岩风景名胜区
汤江岩景区
门票
人民币：15元
6

汤江岩水上游乐项目活动券
票价：50元
7

票价 20 元
8

汤江岩国家级户外体育营地
活动券
人民币
80元
0000065
9

浙江省诸暨市汤江岩风景区
国家级风景名胜区
全国青少年户外体育活动营地
浙江省四星级森林公园
浙江省鹿科鸟类自然保护区
6

人民币：10元
汤江岩风景名胜区
233060775553
00010763
诸暨市风景旅游管理局
诸暨市发展改革局 监制
本门票于2008年12月31日前使用有效
10

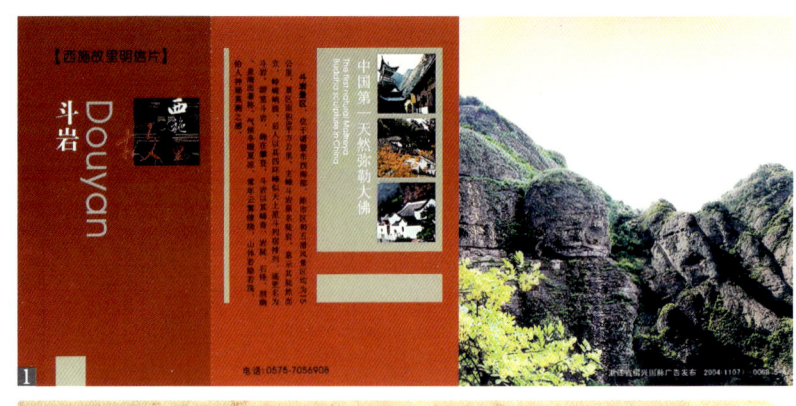

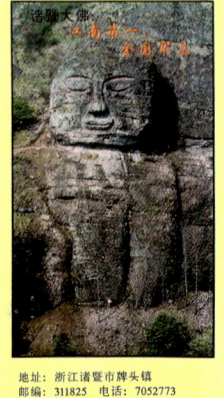

1 《西施故里——斗岩景区》中国邮政明信片（反面）
2 各个时期的斗岩风景区游览券（门票）
3 各个时期的斗岩风景区门票
4 斗岩·汤江岩景区优惠券
5 斗岩风景区门票

存根
门票拾元
票价
10元
千佛山（斗岩）景区简介
检票
千佛山（斗岩）景区
斗岩风景区欢迎您！
25元
斗岩风景区欢迎您！
免费门票
1613144
斗岩风景区欢迎您！
副券
0006926
浙江省诸暨市斗岩景区门票
发票联
礼佛仙境
票价：叁拾元
斗岩风景名胜区

3

诸暨旅游
ZHUJI TOURISM
◎中国第一天然大佛，高81.6米。
◎国家登山队攀岩培训基地。
◎距市区、五泄风景区均15公里。
◎杭金衢高速公路诸暨段牌头出口下。向左1公里到斗岩风景区，
向右7公里到汤江岩风景区。
◎特色参予活动项目：户外拓展、培训；攀岩；
击大鼓；烧烤；帐篷野营；
篝火晚会；农家乐；
水果基地采摘水果等。
国家重点风景名胜区
浣江 斗岩·汤江岩风景区
DOU YAN TANG JIANG YANG FENG JING QU
斗岩风景区优惠券
叁圆
斗岩风景区优惠券
击鼓6折
斗岩风景区优惠券
攀岩7折

4

浙地税印110209×11.02×400本×50份×3联 杭州天
浙江省诸暨市斗岩景区门票
发票联
票 价：叁拾元
发票代码：
发票号码：00009620
浙江省诸暨市
斗岩景区门票
检票联
票价：叁拾元
发票代码：
233061148016
发票号码：
00009620

5

延伸阅读：白塔湖国家湿地公园

1 白塔湖国家湿地公园门票
2 白塔湖国家湿地公园船票
3 白塔湖国家湿地公园门票（半票含船票）
4 白塔湖湿地公园门票（正、反面）

　　白塔湖国家湿地公园位于诸暨县北部，是浦阳江流域的一个天然湖泊，是诸暨市较大的生态湿地，也是诸暨北部重要的生态屏障。湿地公园总面积为1386公顷，其中规划面积为856公顷。它的内部共形成78个岛屿，呈现出"湖中有田、田中有湖、人湖共居"的景象。白塔湖湿地公园水陆相通，风光旖旎，生态资源丰富，自然景观质朴，文化积淀深厚，素有"诸暨白塔湖，浙

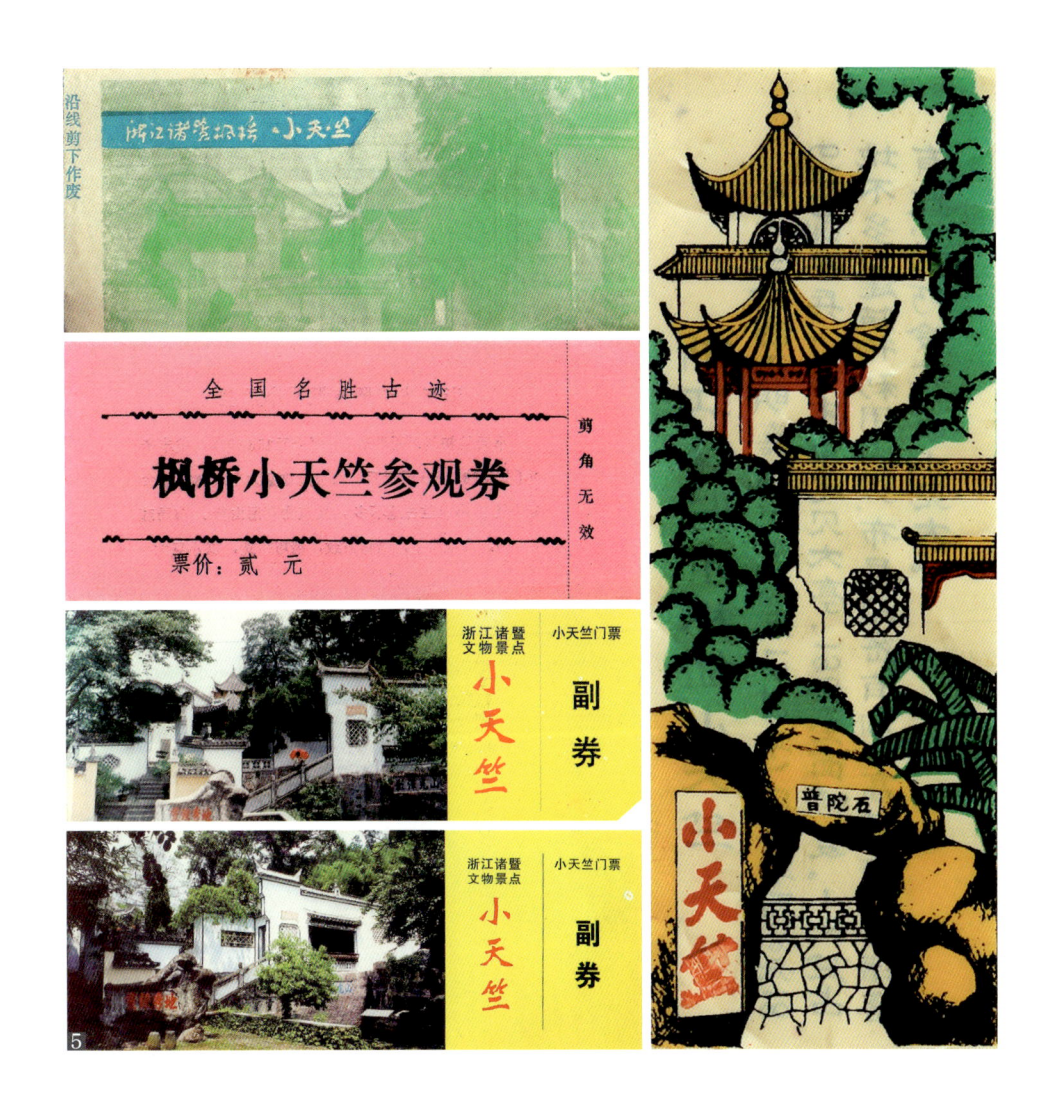

5 各个时期的枫桥小天竺门票

中小洞庭"的美称，是一个集自然湿地、农耕湿地、文化湿地于一体的国家湿地公园。湖内植被除水稻、蔬菜类外，主要有河柳、早竹、桑树、香樟、芦苇等。白塔湖内水产丰富，主要有湖蟹、甲鱼、鲢鱼、鳙鱼等各种淡水鱼类。20 世纪六七十年代，白塔湖内几乎拥有江南水乡所具有的全部水生动植物。

1. 枫桥历史文化陈列馆枫桥大庙门票
2. 香榧森林公园门票（正、反面）
3. 香榧森林公园优惠票（正、反面）
4. 香榧森林公园儿童票、优惠票
5. 千年香榧林探险漂流门票
6. 香榧森林公园度假村参观券
7. 斯氏古民居建筑群千柱屋门票

3

国家"AAA"级旅游景区
香榧森林公园
优惠票
伍拾元整
（50元）
Nº 1814506
票价：伍拾元整
景区核心景点：飞天大索桥、黄四娘潭、三坑湖飞瀑、济公亭、香榧文化园等
检票一
Nº 1814506
检票二
副券
Nº 1814506

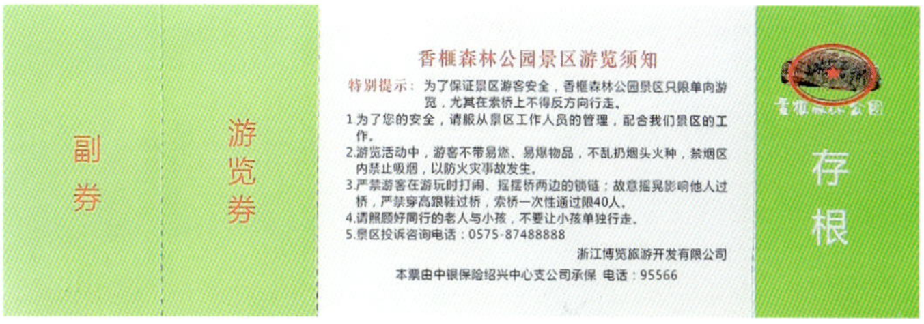

副券
游览券
香榧森林公园景区游览须知
特别提示：为了保证景区游客安全，香榧森林公园景区只限单向游览，尤其在索桥上不得反方向行走。
1.为了您的安全，请服从景区工作人员的管理，配合我们景区的工作。
2.游览活动中，游客不带易燃、易爆物品，不乱扔烟头火种，禁烟区内禁止吸烟，以防火灾事故发生。
3.严禁游客在游玩时打闹、摇晃桥两边的钢链；故意摇晃影响他人过桥，严禁穿高跟鞋过桥，索桥一次性通过限40人。
4.请照顾好同行的老人与小孩，不要让小孩单独行走。
5.景区投诉咨询电话：0575-87488888
浙江博览旅游开发有限公司
本票由中银保险绍兴中心支公司承保 电话：95566
存根

4

国家"AAA"级旅游景区
香榧森林公园
儿童票
叁拾伍元整
（35元）
Nº 0002419
票价：叁拾伍元整
景区核心景点：飞天大索桥、黄四娘潭、三坑湖飞瀑、济公亭、香榧文化园等
检票一
Nº 0002419
检票二
副券
Nº 0002419

国家"AAA"级旅游景区
香榧森林公园
优惠票
肆拾元整
（40元）
Nº 0004726
票价：肆拾元整
景区核心景点：飞天大索桥、黄四娘潭、三坑湖飞瀑、济公亭、香榧文化园等
检票一
Nº 0004726
检票二
副券
Nº 0004726

5

千年香榧林探险漂流
门票
存根
1005256
千年香榧林探险漂流
门票
副券
1005256

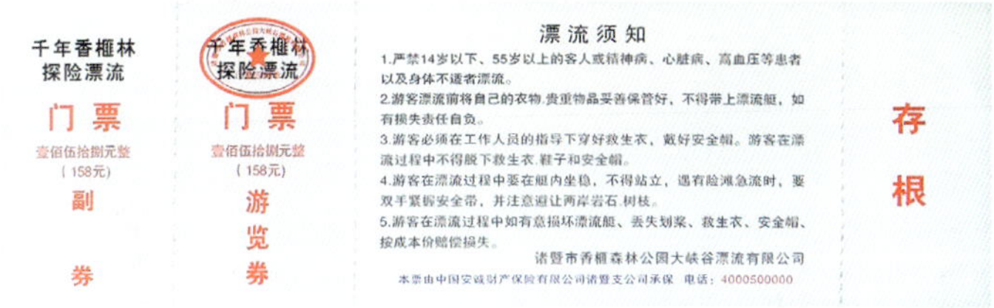

千年香榧林探险漂流
门票
壹佰伍拾捌元整
（158元）
副券
门票
壹佰伍拾捌元整
（158元）
游览券
漂流须知
1.严禁14岁以下、55岁以上的老人或精神病、心脏病、高血压等患者以及身体不适者漂流。
2.游客漂流前将自己的衣物、贵重物品妥善保管好，不得带上漂流艇，如有损失自负。
3.游客必须在工作人员的指导下穿好救生衣，戴好安全帽。游客在漂流过程中不得脱下救生衣、鞋子和安全帽。
4.游客在漂流过程中要在艇内坐稳，不得站立，遇有险滩急流时，要双手紧握安全带，并注意避让两岸岩石、树枝。
5.游客在漂流过程中如有意损坏漂流艇、丢失划浆、救生衣、安全帽，按成本价赔偿损失。
诸暨市香榧森林公园大峡谷漂流有限公司
存根

3

香榧森林公园度假村
(香榧会馆)
景区通票 ¥15
参观时间 8:30-17:00
参观券
0001003
联系电话：0575-87480388
地址：诸暨市赵家镇三坑口香榧森林公园度假村

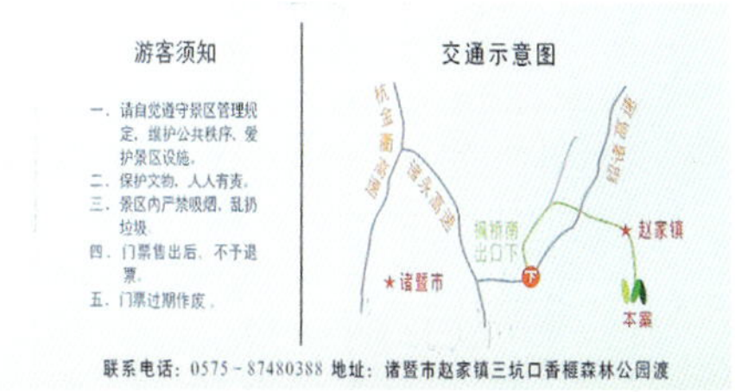

游客须知
一、请自觉遵守景区管理规定，维护公共秩序，爱护景区设施。
二、保护文物，人人有责。
三、景区内严禁吸烟，乱扔垃圾。
四、门票售出后，不予退票。
五、门票过期作废。
交通示意图
赵家镇
诸暨市
联系电话：0575-87480388 地址：诸暨市赵家镇三坑口香榧森林公园渡

千柱屋
全国重点文物保护单位 全国斯姓最大聚居地
斯氏古民居建筑群
¥：20元
斯氏古民居建筑群文物保护管理处
联系电话：0575-87962628 87962618
副券
Nº 0522664

千柱屋
全国重点文物保护单位 全国斯姓最大聚居地
斯氏古民居建筑群
¥：20元
斯氏古民居建筑群文物保护管理处
联系电话：0575-7962618 7962628
副券
Nº 0506381

7

存根
NO:2138577
贰拾圆
斯氏古民居建筑群—千柱屋
全国重点文物保护单位 全国斯姓最大聚居地
千柱屋景区是诸暨市唯一的全国重点文物保护单位所在地，位于诸暨市东白湖镇斯宅村，景区有保存完整的清代古民居建筑14处，且单体建筑面积均在3000平方米以上，最大的达到12500平方米。2001年6月千柱屋、发祥居、华国公别墅三处古建筑被国务院公布为全国重点文物保护单位。
¥：20元
千柱屋景区管理处
咨询电话：0575-87951783 87962618
副券
NO:2138577
贰拾圆
本票仅限当日使用

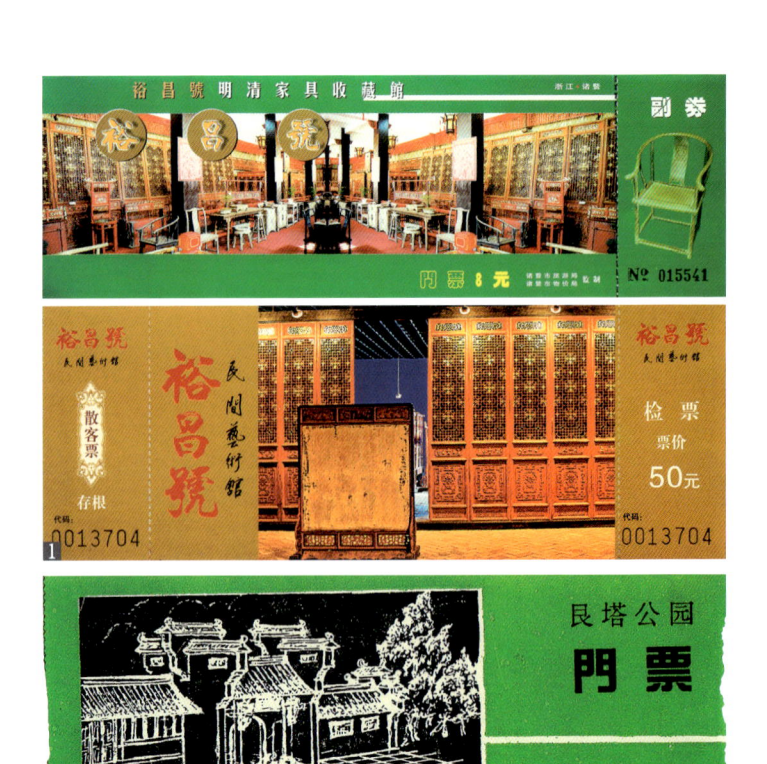

1 裕昌号民间艺术馆门票
2 诸暨艮塔公园门票
3 诸暨江东公园门票
4 诸暨影视城灯光秀入场券
5 诸暨影视城首届旅游观光节动物园入场券
6 不同时期诸暨长城影视城参观券

071

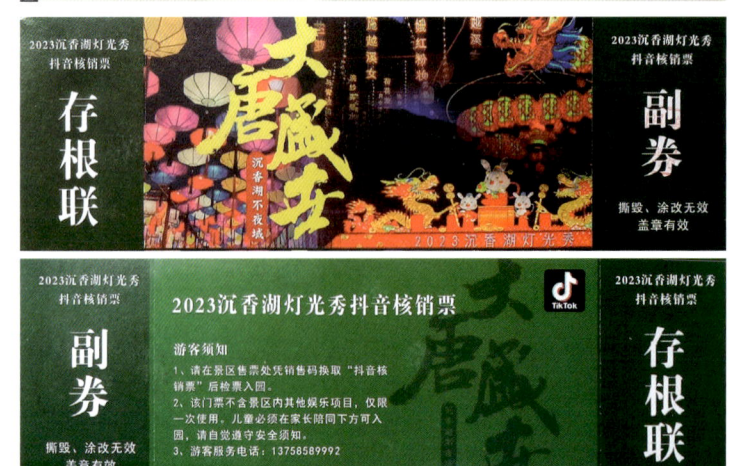

1 祥生·春风十里小镇入场券

2 2020年祥生·春风十里景区灯光秀夜场门票

3 2023沉香湖《大唐盛世》灯光秀抖音核销票

4 米果果小镇入园凭证

5 诸暨市儿童公园世界风车展幼儿赠票
诸暨市儿童公园，位于诸暨市暨阳街道东一路26号，于1994年注册成立。

6 2002年迎新春儿童公园海狮表演门票

7 诸暨市儿童公园门票

8 诸暨市儿童公园的各种票券

9 诸暨爱可萌游乐园兔小兔探险王国单人套票（正、反面）

073

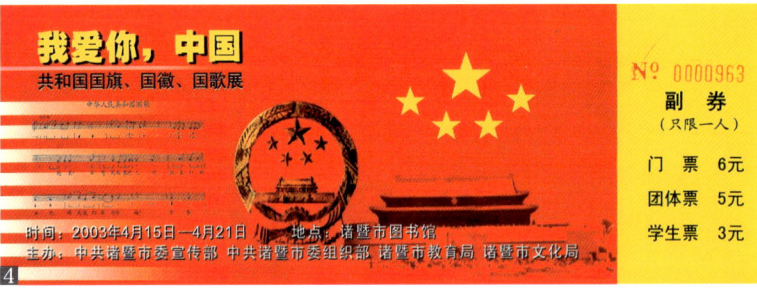

1. 1989年诸暨文物史迹陈列参观券
2. 2002年毛泽东遗物展参观券
3. 2002年诸暨市收藏协会会员藏品展门券
4. 2003年共和国国旗、国徽、国歌展参观券
5. 2012年雷锋精神永恒展览参观纪念券
6. 2002年西博会裕昌号民间艺术馆十里红妆展入场券
7. 越红博物馆馆况宣传单

古越人文 越红茶旅

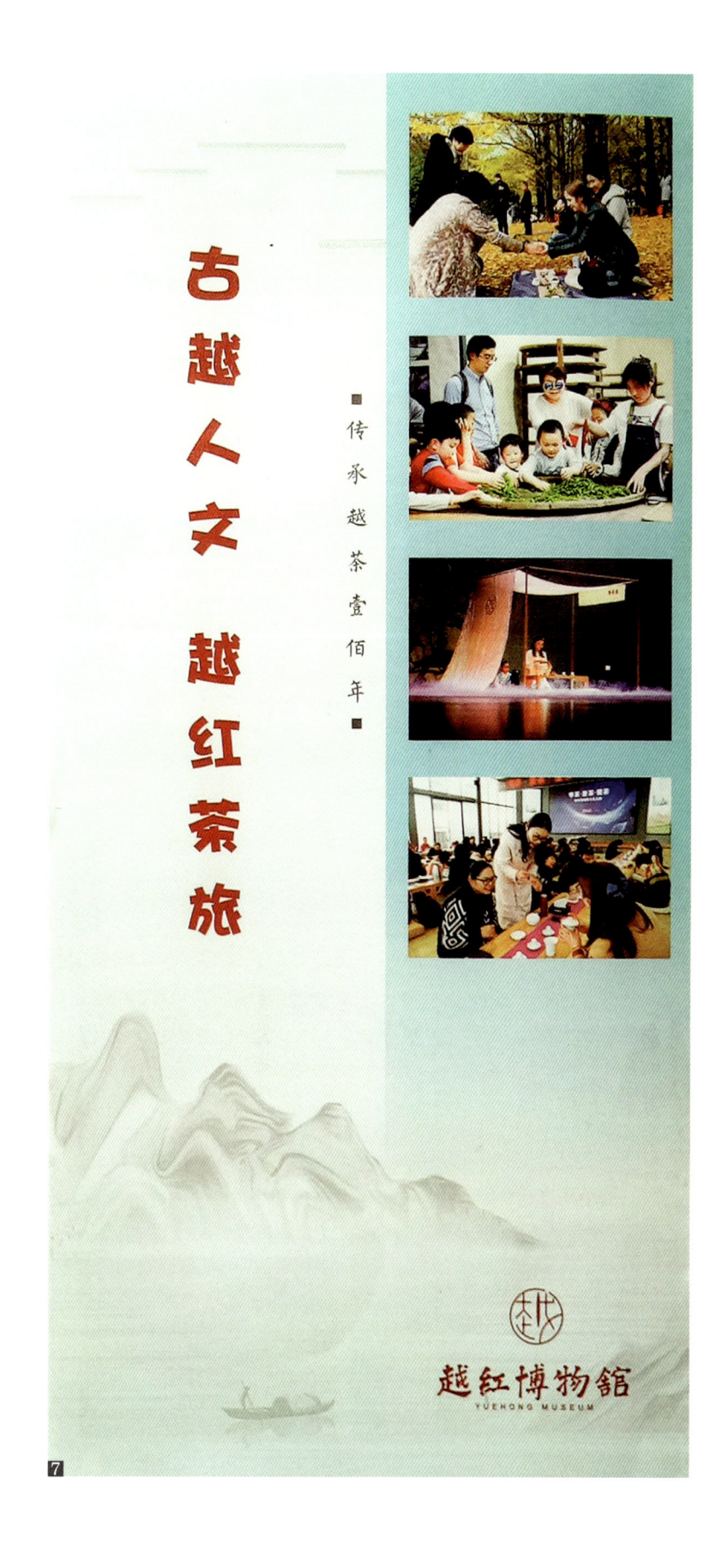

■ 传承越茶壹佰年 ■

越红博物馆
YUEHONG MUSEUM

1 中央电视台《寻宝·走进诸暨》活动观众入场券

2 2009年海洋大世界大型海洋生物科普展优惠券

3 2011年世界珍稀动物大观动物科普展入场券

4 诸暨市世界淡水珍珠博物馆70周岁免费门票（正、反面）

诸暨市世界淡水珍珠博物馆以"孕沙成珠，华彩绽放"作为展示主题，通过图片、视频以及AR技术，全面展示了珍珠历史、珍珠文化、珍珠知识、珍珠品鉴等多个方面的内容，生动展现了整个产业的转型成果。

5 各类主题公园入场券

B
诸暨东白湖休闲度假中心
侏罗纪恐龙欢乐谷开园啦！
快乐周末哪儿去……
到东白湖休闲度假中心看恐龙去……
咨询电话：187 5750 0564
活动时间：2018年3月17日—18日 共两天（即周六、日）
早上08:30至晚上18:00（活动仅2天，中午不休息，风雨不改）
活动地址：诸暨市东白湖休闲度假中心
乘车路线：乘102路到东白湖菜场站下车
扫一扫将本链接
分享到朋友圈
领取免费门票一张

诸暨东白湖休闲度假中心恐龙主题公园开放啦
票价
原票价：50元/人
凭此券购票：一律25元/人
一人持票　全家优惠
霸王龙，剑龙，三角龙……恐龙与你近距离接触，动用好莱坞设计师，运用尖端科技量身定做，其高仿真，活动自如的特性，让恐龙如同真的"复活"，现场空前火爆，观众驻足在恐龙前，流连忘返，欢笑声和惊呼声，此起彼伏，热闹非凡，不容错过
"与龙共舞，骑在恐龙背上体验心惊胆战的感觉！
美国好莱坞高科技制造仿真机械恐龙，带您重返侏罗纪！

第七届全国农运会名人名家书法展合作伙伴
恐龙主题乐园
搬来
诸暨
啦！
快乐
周末
哪里去？恐龙乐园走一回！
E
展出地址：诸暨市体育馆内（艮塔东路69号）
展出时间：2014年3月8日—3月9日（即星期六、日，仅展两天，中午不休息，风雨不改）早上8：30——下午17：00
乘车路线：可乘5路在体育馆站下车即到，或可乘9路、19路、22路在鹏程电器站下车即到

淀塘畈休闲农业生态园恐龙主题公园开放啦！
K
霸王龙、翼龙、三角龙……恐龙与你近距离接触，动用好莱坞设计师，运用尖端科技量身定制，其高仿真、活动动自如的特性，让恐龙如同真的"复活"，现场空前火爆，观众驻足在恐龙前，流连忘返，欢笑声和惊呼声，此起彼伏，热闹非凡，不容错过！
原票价：小孩30元/人　成人40元/人
凭此券：小孩，成人一律：20元/人
一人持票　全家优惠
诸暨市客运中心
城市广场
艮塔东路
诸暨市中医医院
永利中心城
苎萝东路
东二环路
东三路
南环花园
城南立交桥
毛村
绍兴淀塘畈
休闲生态园
路况
你想探知那些微不足道的昆虫在放大数以千倍后身体构造吗？
"与龙共舞"，骑在恐龙背上体验心惊胆战的感觉！

"外星人"降临诸暨
——大型宇宙奥秘科普展
优惠券
无此券学生25元，成人35元
凭此券学生、成人一律15元
实物展出，绝丰图片，电影
咨询：15257577934
电话：15257577954
展出地点：诸暨市体育馆

优惠券
每位学生凭此券赠送价值5元礼品
科普国家野生动物保护宣传
大型（活）濒危珍稀动物展
特约推出："万年济公飞贝"

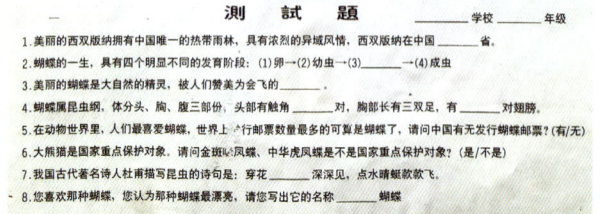

1 各类主题公园入场券
2 各类主题公园入场券

延伸阅读：寿崇德

　　寿崇德，1927年出生于诸暨同山镇，当代著名书画艺术家。长期从事中等师范学校美术教育，培养了大批美术人才。作品《新安江水电站图卷》曾荣获全国第三届美展优秀奖，并由郭沫若题字，现藏于国家博物馆。晚年的他将陈洪绶的《老莲读书图》捐赠给诸暨博物馆，弥补了诸暨无"三贤"真迹的缺憾。

　　怀着"一方水土养育一方人才"的理念，寿崇德先生还将政府奖励的300万元捐出来成立艺术基金，主要用于奖励艺术人才。他淡泊名利的文化价值取向为世人所推崇。同时，在寿崇德先生家属的鼎力支持下，其子将寿老先生创作的150余幅艺术精品无偿捐献给艺术馆供世人赏析研究。为了纪念这位伟大的艺术家和弘扬地方文化，诸暨市特地成立了寿崇德艺术馆。寿崇德艺术馆位于苎萝东路2号，处西施故里旅游区的核心区域，建筑面积1400平方米。该馆于2011年5月25日举行了隆重的开馆仪式。

3 寿崇德艺术馆参观券

延伸阅读：篮球运动

诸暨是全国体育先进县市、全国"田径之乡"、浙江省首批体育强市，并且在 2000 年被评为首批全国篮球城市之一。篮球运动已经成为诸暨市民喜闻乐见的体育项目。2000 年 11 月，国家体育总局篮球运动管理中心的评选小组来到诸暨进行了实地考察和评估。随后，在同年 12 月，国家体育总局正式将诸暨市评为首批"全国篮球城市"。

到了 2011 年 1 月，作为县级市的诸暨，其标准篮球场的数量达到了 2232 个，因此获得了上海大世界基尼斯总部颁发的"大世界基尼斯之最"证书。长期以来，诸暨市一直举办着各种不同级别的篮球赛事。

1 1999 年"诺基亚"南北篮球争霸赛入场券
2 1999 年"诺基亚"南北篮球争霸赛入场券

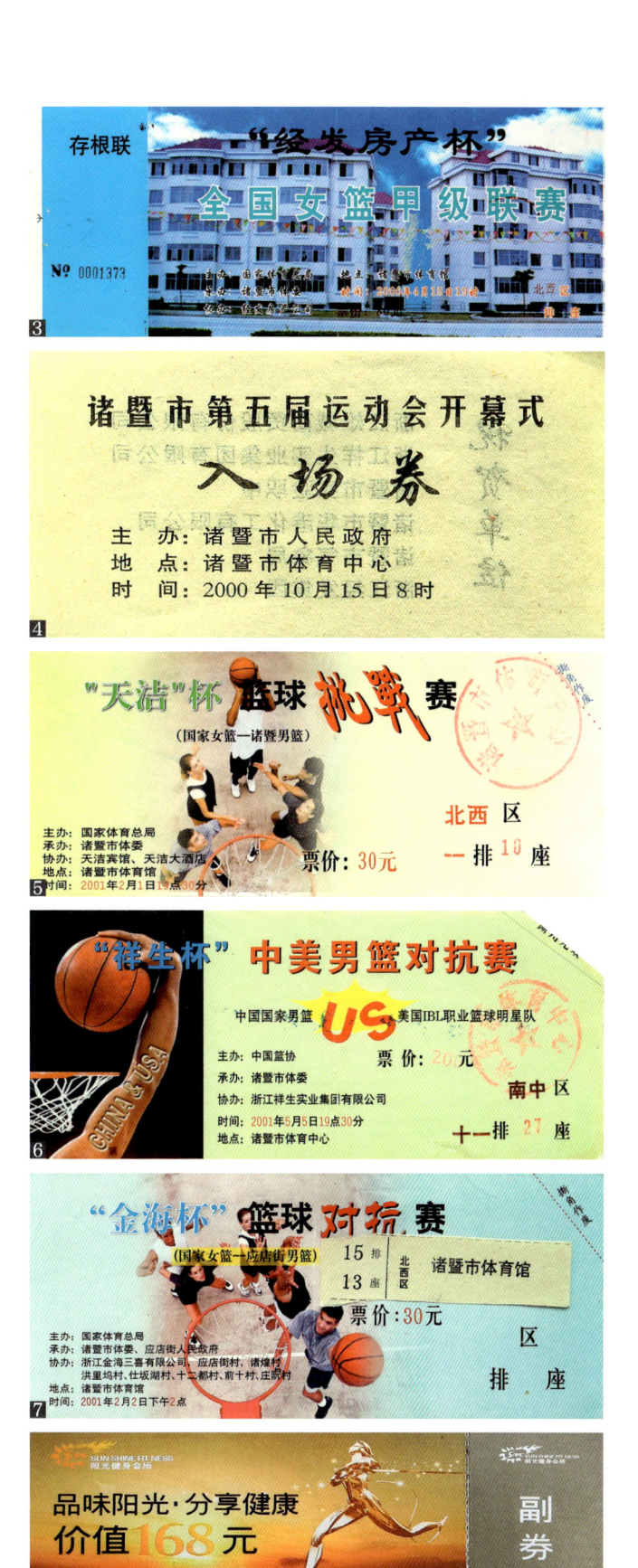

3 2000年"经发房产杯"全国女篮甲级联赛入场券

4 2000年诸暨市第五届运动会开幕式入场券

5 2001年"天洁"杯篮球挑战赛入场券

6 2001年"祥生杯"中美男篮对抗赛入场券

7 2001年"金海杯"篮球对抗赛入场券

8 诸暨市体育馆品味阳光·分享健康消费券

1 超能星球少儿智能运动馆飨街校区篮球体验联系卡
2 君问杰凯免费试训券
3 诸暨市游泳馆入场券
4 诸暨体育中心缤纷阳光台票
5 诸暨众阳健身游泳中心外池入场券
6 诸暨众阳健身游泳中心成人游泳票（正面）
7 2010年诸暨市洁丽雅集团运动会所乒乓球半价券
8 诸暨众阳健身游泳中心儿童游泳票（正、反面）

083

1-12 诸暨各类体育赛事的入场券

6. 第八届CSBA"天洁杯"全国中学生高中男子（甲组）篮球锦标赛

入 场 券

地　点：诸暨市体育馆

时　间：二〇一一年七月二十三日 晚上

7. 浙江省第四届职工运动会"万安杯"男子篮球赛

入 场 券　　11排 4座　南西区　诸暨市体育馆

主办单位：浙江省总工会　浙江省体
承办单位：绍兴市总工会　绍兴市体育局
协办单位：诸暨市总工会　诸暨市体育局
比赛时间、地点：11月15日下午1时　诸暨市体育馆

8. 武林风　鸣润杯　中外五国拳王争霸赛——史上最强阵容
内场区　内场东二区　2排 30座　售价：980

9. 浙江省第十五届运动会　篮球（男子乙组）比赛
第一场 14:30　第二场 16:00　甲组
入场券　免费领取　南中区 6排 28座
比赛时间：2014年10月24日下午2点30分
比赛地点：诸暨市体育馆

10. "嘉凯城"杯 2015年全国城市篮球赛　入场券　免费领取　南西区 1排 7座

2018-2019中国男子篮球职业联赛　6

11. 2022年"诸暨农商银行杯"诸暨市第十八届篮球联赛
决赛·闭幕式　副券
暨阳学院 VS 海亮教育
外场东一区　8排：15号
时间：2022年8月21日 19:00
地点：浙江农林大学暨阳学院体育馆
副券撕下无效　票面涂损无效

12. 大麦　2023诸暨市"农商银行杯"首届和美乡村篮球联赛（决赛）
时间：2023年6月18日 星期日 19:00
场地：浙江农林大学暨阳学院体育馆（学院南门进场）
座位：内场南区　13排　26号
票价：58元
TN：1495932001
No：7606009030903

SUB TICKET 副券
看台
2023年6月18日 19:00
区域：内场南区
座位：13排　26号
票价：58元
T.N：1495922001

1010-3721　BETTER TICKET BETTER DAMAI

1 庆祝诸暨市弹簧钢材总公司开业文艺晚会节目单
2 1999年10月8日诸暨撤县设市十周年庆祝大会开幕式入场券

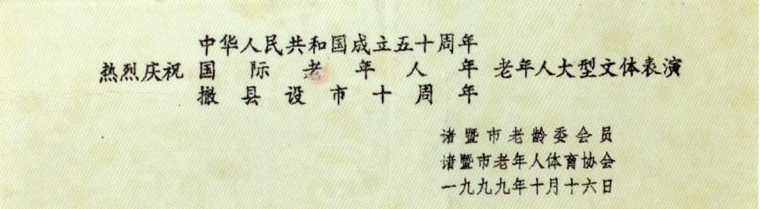

3 1991年9月诸暨人民医院文艺晚会入场券

4 1999年老年人大型文体表演入场券

5 2003年劳动者之歌综艺晚会入场券

1 2003年纪念毛泽东同志批示"枫桥经验"40周年文艺晚会入场券
2 2005年春到暨阳综艺晚会入场券
3 2005年越剧《红丝错》入场券
4 2005年越剧《花烛恨》入场券
5 各类演出的入场券

入场券

展特殊艺术风采　增文化大省光辉

爱在人间　走进诸暨
"天洁之夜"文艺晚会

票价：120元

主办单位：中共诸暨市委
　　　　　诸暨市人民政府
承办单位：中共诸暨市委宣传部
　　　　　诸暨市残疾人联合会
协办单位：中国·天洁集团有限公司
　　　　　浙江五峰电容器有限公司
　　　　　浙江黑猫神集团有限公司
　　　　　浙江上峰包装有限公司

2006中国越剧艺术节参评剧目

越剧艺术节
YUE OPERA ARTS FESTIVAL

《天道正义》

主　办：2006中国越剧艺术节组委会　　承　办：浙江省文化厅　绍兴市人民政府
演　出：诸暨市越剧团　　　　地点：绍剧艺术中心

北京越剧大舞台　同唱一台戏「越商之夜」

主　办：中共浙江省委宣传部
　　　　浙江省文化厅
　　　　诸暨市人民政府
　　　　中共绍兴市委宣传部
　　　　绍兴市文化广电新闻出版局
冠　名：绍兴市越商研究会
全程承办：绍兴市演出有限公司
全程推广：同唱一台戏文化发展有限公司
鸣　谢：北京浙江企业商会

《天道正义》诸暨市越剧团
时间：7月17日晚7:30
地点：长安大戏院

打孔无效

第七届中国国际袜业博览会袜文化演出

放歌大唐

主办单位：大唐镇人民政府
时间：2006年10月19日14时30分
地点：中国大唐轻纺袜业城广场

十二排四十四座

1 各类活动演出的入场券
2 2008年安全生产专题宣传大型综合文艺晚会入场券
3 2009年安全生产专题综合文艺晚会入场券
4 2009年诸暨市越剧团青年演员折子戏专场入场券
5 2009年越剧《三试浪荡子》入场券
6 2009年越剧《天道正义》入场券
7 2009年越剧《王老虎抢亲》入场券
8 2009年越剧《珍珠传奇》入场券
9 2009年越剧《红丝错》入场券
10 2010年热烈祝贺诸暨市戏曲团队演唱大赛圆满成功活动入场券
11 2010年第四届西施文化节"十朵梅花"大型文艺晚会入场券
12 2009年越剧《珍珠传奇》入场券
13 2010年越剧《唐伯虎点秋香》入场券

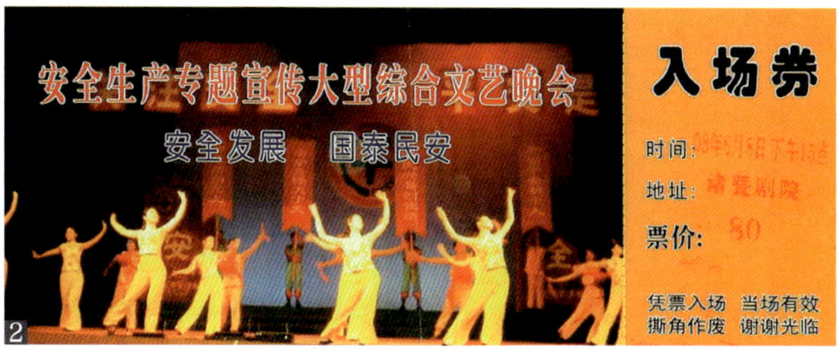

2

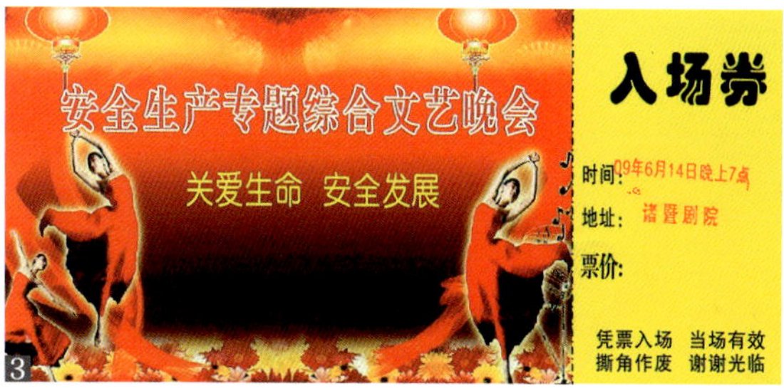

3

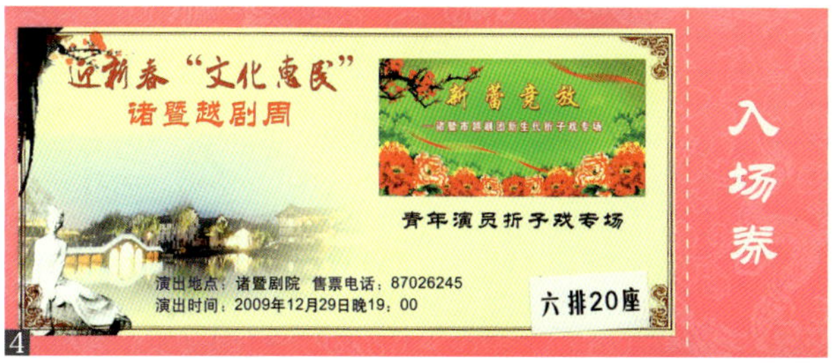

4

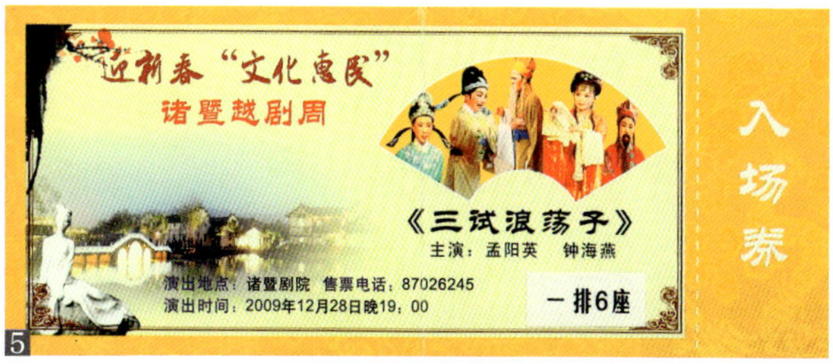

5

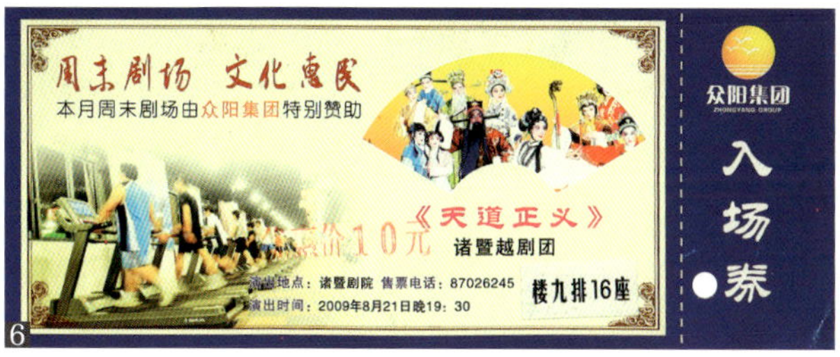

6

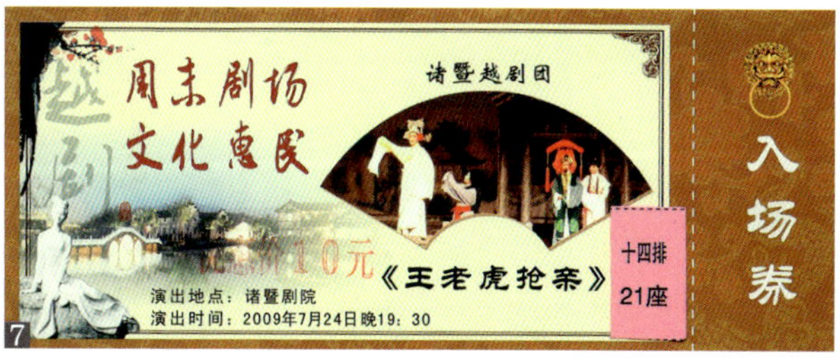

7

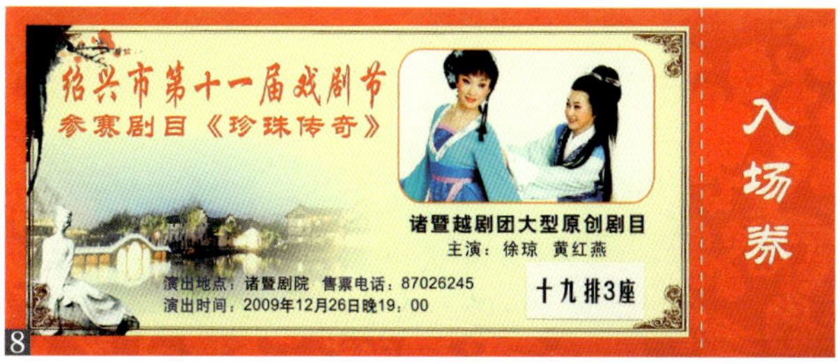

8

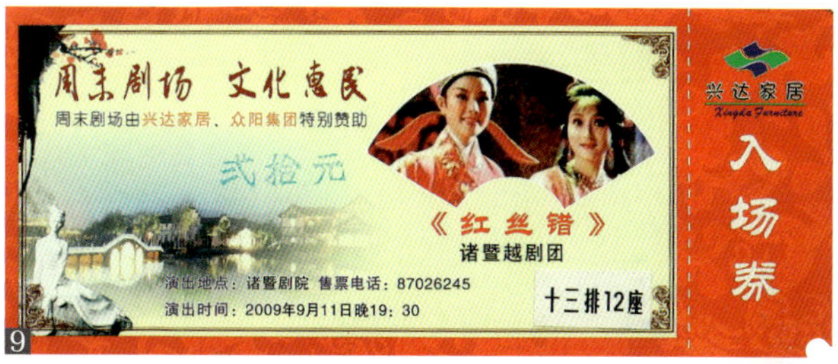

9

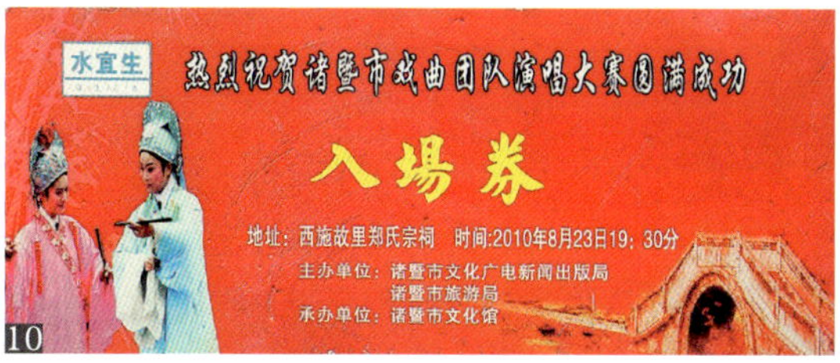

10

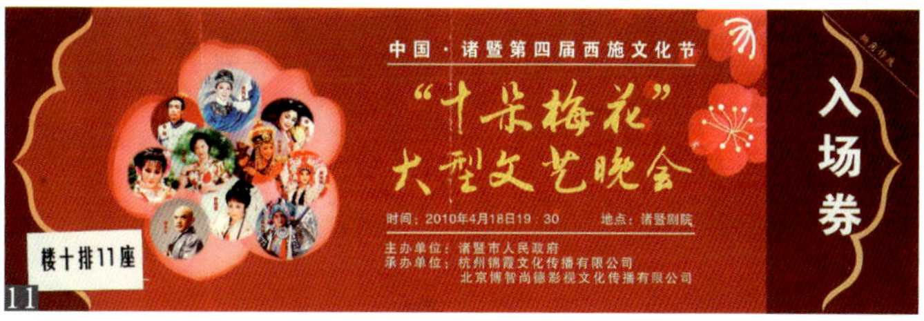

11

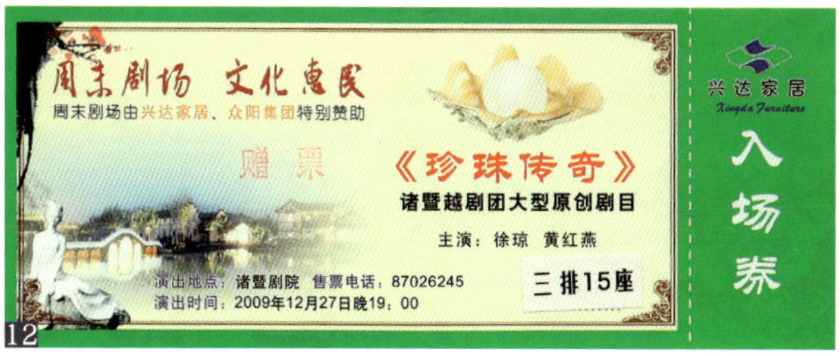

12

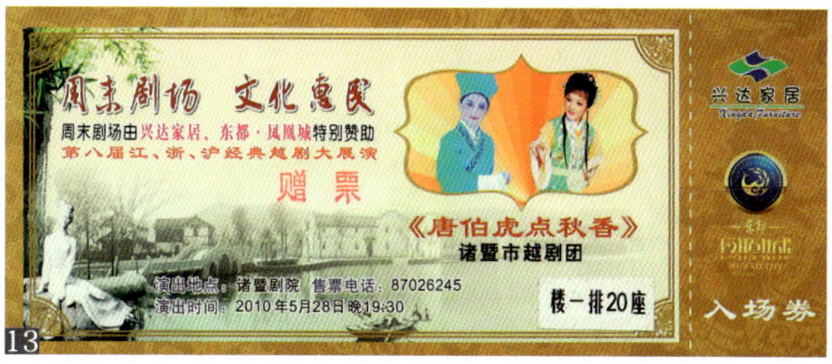

13

1 2010年越剧《沉香扇》入场券
2 2010年越剧《珍珠传奇》入场券
3 2010年越剧《血手印》入场券
4 2010海亮集团中秋之夜活动入场券
5 2011年庆"八一"金磊之夜双拥文艺晚会入场券
6 2012年《全国青少年民乐观摩音乐》会入场券
7 各类演出的入场券

大型黄梅戏
【天仙配】
十二排
18座
诸暨剧院隆重献演
新春特邀黄梅戏团
岩峰
闹元宵
主办单位：诸暨剧院
协办单位：诸暨岩峰（调味）食品有限公司
诸暨市岩峰生态园
诸暨市岩峰矿泉饮品厂
演出时间：3月2日

金海岸演艺大舞台
国家文化产业示范基地 国家文化出口重点企业
金海岸演艺大舞台
抵价券：￥20元
天天小春晚 每周新节目 每晚 9:00-11:00 快乐启航
演出地址：诸暨市望云路88号 订座电话：0575-87215577
一人一券 购票前请出示
￥20

撕角作废
入场券
新世纪"钻石之光"
大型歌舞晚会
纪念3·15国际消费日
演出地点：诸暨市体育馆
演出时间：3月15日19:30分
订票热线：7028779转 7227786转
售票地址：钻石大酒店总台 诸暨市体育馆
诸暨大酒店总台

转角遇到爱首映典礼
邀请嘉宾
Guest
上映日期 2011年03月27日
Date （农历二月廿三）
上映地点 诸暨香江大酒店
Gate （3楼祥瑞厅）
票价 无价
Fare
上映时间 下午18:00
Time
座位 亲友桌
Seat
座类 VIP
Class
出品：张敏 徐华
场地提供：诸暨滨江南路1号
Welcome To Our Wedding
20110327
转角遇到爱

夕阳红似火 文艺晚会
诸暨市宣传系统夕阳红艺术团成立十周年
入场券
演出地点：诸暨剧院
演出时间：2011年3月30日晚7：00

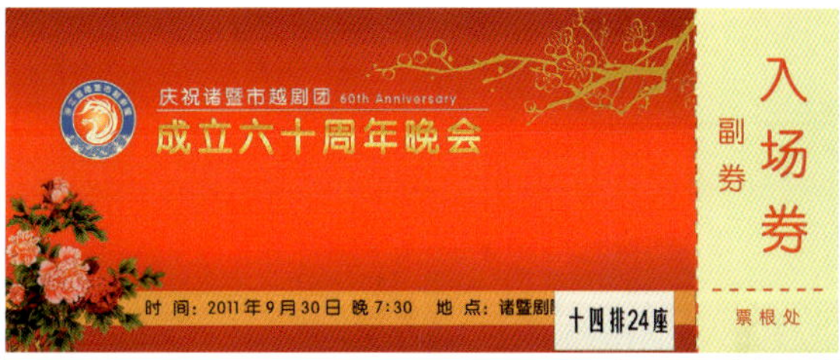
庆祝诸暨市越剧团 60th Anniversary
成立六十周年晚会
时间：2011年9月30日 晚7:30 地点：诸暨剧院
十四排24座
副券
入场券
票根处

"中天·正和评估杯"
诸暨市第二届越剧大奖赛
主办单位：中共诸暨市委宣传部
诸暨市文化广电新闻出版局
承办单位：诸暨市文化馆
协办单位：中天·正和土地房地产评估有限公司
时间：12月6日晚上18时30分
地点：诸暨剧院
十五排
19座
入场券

雄风集团
诸暨体育馆！非来不可！
KONKA康佳
雄风·康佳
好声音大型演唱会
A类门票
价值398元
演出时间：10月28日19:00-20:30
演出地址：诸暨市体育馆
南东区 A3排23座
副券
A类门票
南东区 A3排23座

主办：中共浙江省委宣传部
浙江省文化厅
中共绍兴市委宣传部
绍兴市文化广电新闻出版局
冠名：绍兴市越商研究会
全程承办：绍兴市演出有限公司
全程推广：同唱一台戏文化发展有限公司
打孔无效
《西施断缆》诸暨市越剧团
时间：7月18日晚7:30
地点：长安大戏院
北京
越剧
大舞台
同唱一台戏「越商之夜」

越剧
The Grand
第五届"置业房产杯"江浙沪经典越剧大展演
诸暨越剧团
月光谣
时间：7月7日晚7:30
地点：绍兴剧院
双号
楼2排6座
嘉宾票
兑奖券
7月7日
楼2排6座

主办：中共浙江省委宣传部
浙江省文化厅
诸暨市人民政府
中共绍兴市委宣传部
绍兴市文化广电新闻出版局
冠名：绍兴市越商研究会
全程承办：绍兴市演出有限公司
全程推广：同唱一台戏文化发展有限公司
鸣谢：北京浙江企业商会
打孔无效
《王老虎抢亲》诸暨市越剧团
时间：7月19日晚7:30
地点：长安大戏院
北京
越剧
大舞台
同唱一台戏「越商之夜」

越剧
The Grand
第五届"置业房产杯"江浙沪经典越剧大展演
诸暨越剧团
王老虎抢亲
时间：7月8日晚7:30
地点：绍兴剧院
双号
楼2排6座
嘉宾票
兑奖券
7月8日
楼2排6座

第六届"置业房产杯"江浙沪经典越剧大展演
越剧
The Grand
诸暨市越剧团
红楼梦
时间：6月30日晚7:30
地点：绍兴剧院
双号
12排20座
嘉宾票
打孔无效
嘉宾赠票 请勿出售

第二届中国珍珠节大型文艺晚会
入场券
11排 15座
北东区
诸暨市体育馆
地址：诸暨市体育馆
时间：11月28日19时30分

1. 2023年西施故里景区"梦寻西施"演出券（正、反面）
2. 2023年遇见西施——浣纱江夜游普通票（正、反面）
3. 2017年浙江省第十一届排舞大赛入场券
4. 2022年第十三届"舞动诸暨"舞蹈大赛暨第十一届"唱响诸暨"十佳歌手大赛决赛入场券
5. 2023年诸暨市第十四届舞动诸暨舞蹈大赛决赛入场券
6. 2021年庆祝建党100周年大型朗诵情景剧《诗意中国 红色诸暨》入场券

095

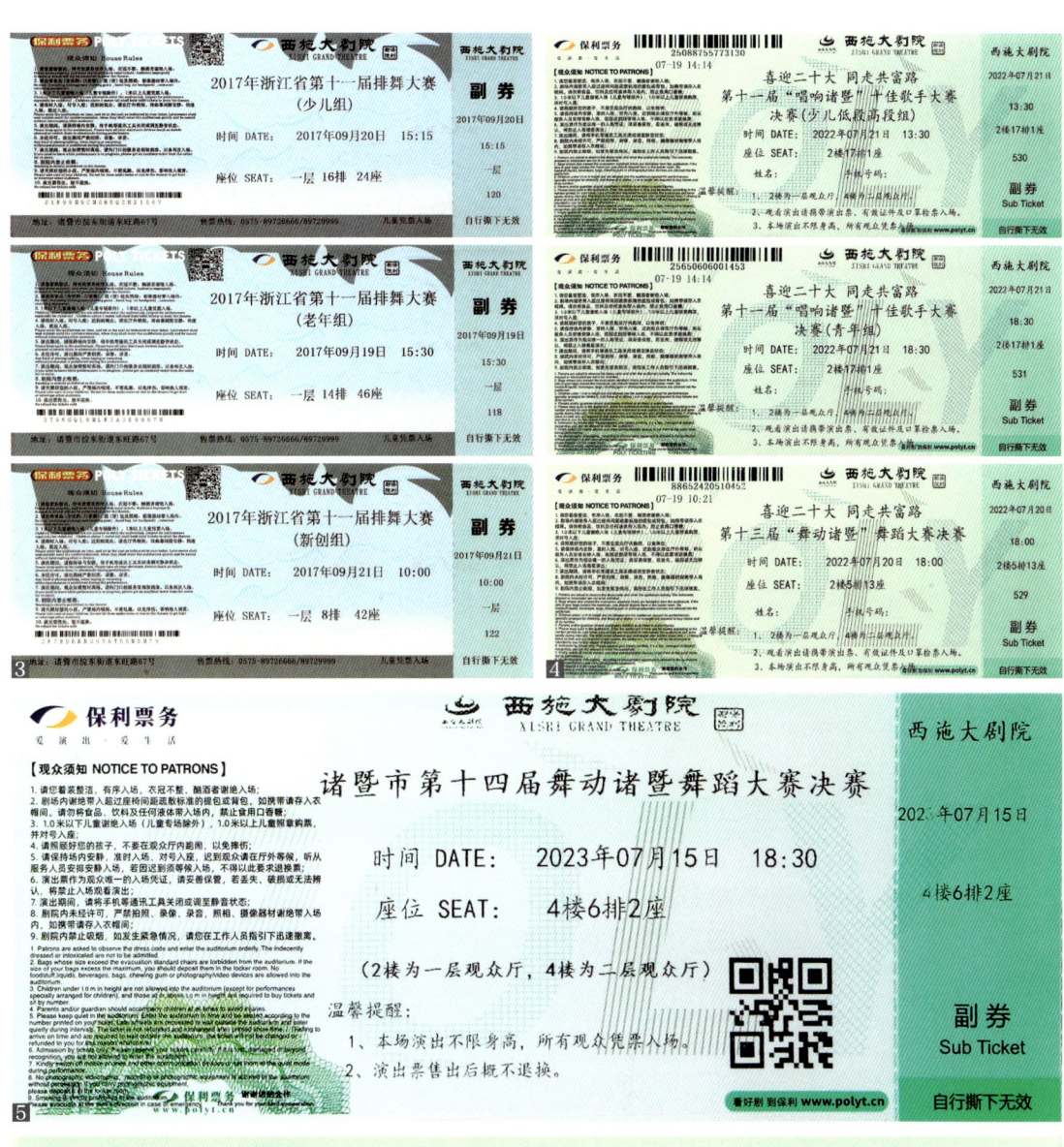

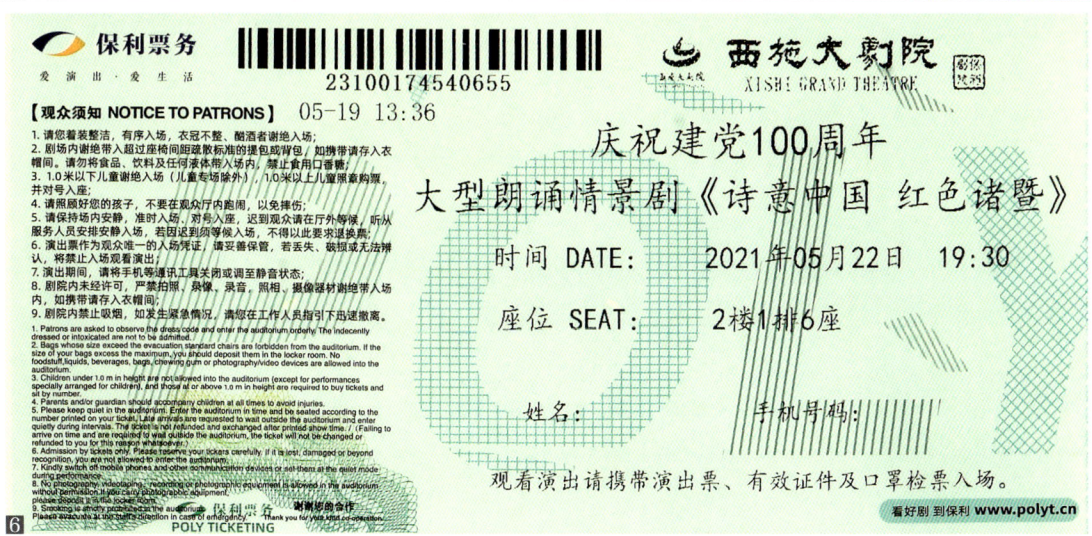

延伸阅读：袜业博览会

1999年10月7日，首届国家级袜业专业博览会中国袜业博览会在大唐镇开幕。2000年9月18日，第二届中国袜业博览会在大唐镇开幕；2002年9月28日，第三届中国袜业博览会在大唐镇开幕。此后，改为中国（国际）袜业博览会。2019年11月18日，更名为第十四届中国·大唐国际袜业博览会。

延伸阅读：越剧《西施断缆》

1996年12月24日，诸暨市越剧团创作排演的越剧《西施断缆》在北京举行首场演出。中纪委书记尉健行、国务院副总理姜春云、国务院副总理兼外交部部长钱其琛、全国政协副主席朱光亚及诸暨市领导观看演出。1997年10月7日，诸暨越剧团《西施断缆》荣获中宣部"五个一工程"奖和文化部文华奖，市委、市政府给予了嘉奖。

延伸阅读：国营集体电影院

诸暨人民电影院设于大桥路，前身为诸暨剧院，1953年改今名。1962年拆建，次年竣工，建筑面积1161平方米，设座1090个。1973年5月，首次放映宽银幕电影——朝鲜故事片《卖花姑娘》。1979年，扩建观众厅，座位增至1270个，安装固定宽银幕。1984年5月，首次放映立体电影国产故事片《欢欢笑笑》。1981—1985年，国营草塔、枫桥、江藻、璜山、牌头5家电影院先后建成，1981—1987年，建有乡镇集体影剧院25个，座位共1.86万个。[9]

1. 2021年《故事的夜空·浣江扬红波》综艺晚会入场券
2. 2023年（首届）西施音乐节入场券
3. 2024年西施音乐节（观演/观展）邀请函
4. 2006年第五届中国（国际）珍珠节、第三届中国淡水珍珠首饰设计大赛、珍珠风尚展示颁奖晚会入场券
5. 2017年3月30日诸暨西子大剧场《革命的摇篮——井冈山》大型爱国主义专题文艺晚会入场券
6. 2002年第三届中国袜业博览会大型文艺晚会入场券
7. 2005年第六届中国国际袜业博览会文艺演出入场券
8. 2006年越剧《西施断缆》入场券
9. 2015年越剧《西施断缆》入场券

9. 诸暨市地方志编纂委员会办公室编：《诸暨市志（1979—2012）》，浙江古籍出版社，2021年。

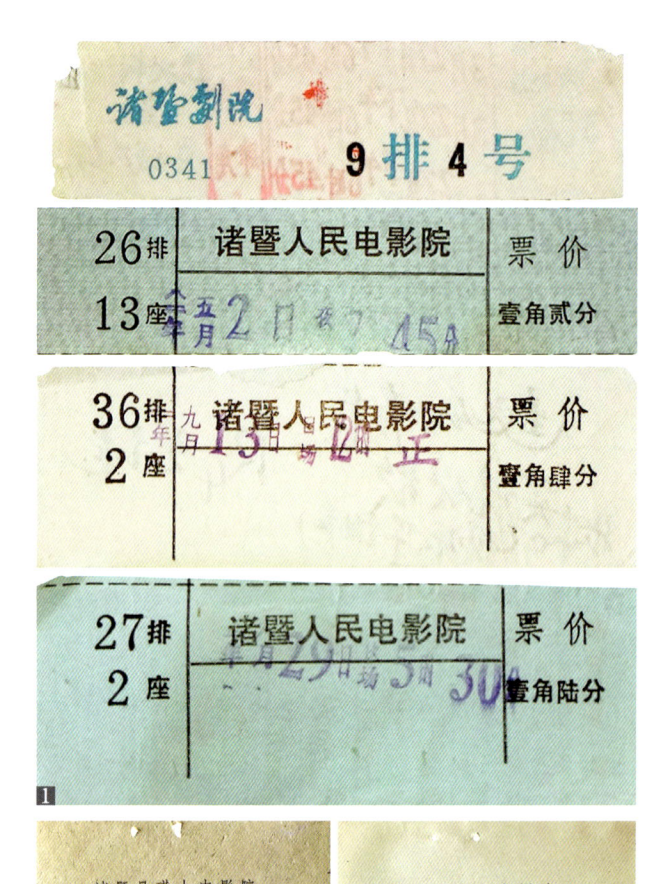

1 诸暨剧院、诸暨人民电影院电影票
2 璜山电影院电影票
3 苎萝影院电影票
4 漫游未来影院（诸暨店）网络票
5 诸暨市上影国际影城（唐韵店）观影入场券
6 金海岸演艺大舞台电影票（反面）
7 诸暨人民电影院《母亲快乐》电影票、学生优惠券
8 浙江绍兴诸暨横店电影城网络票
9 诸暨嘉年华影城 GMAX 网络票
10 上影国际影城（诸暨宝龙店）网络票
11 诸暨上影国际影城（唐韵店）观影体验券

2号厅 苎萝影城
九排 诸暨暨阳街道人民南路77号 通用票
9号

2号厅 苎萝影城
九排 诸暨暨阳街道人民南路77号 通用票
10号

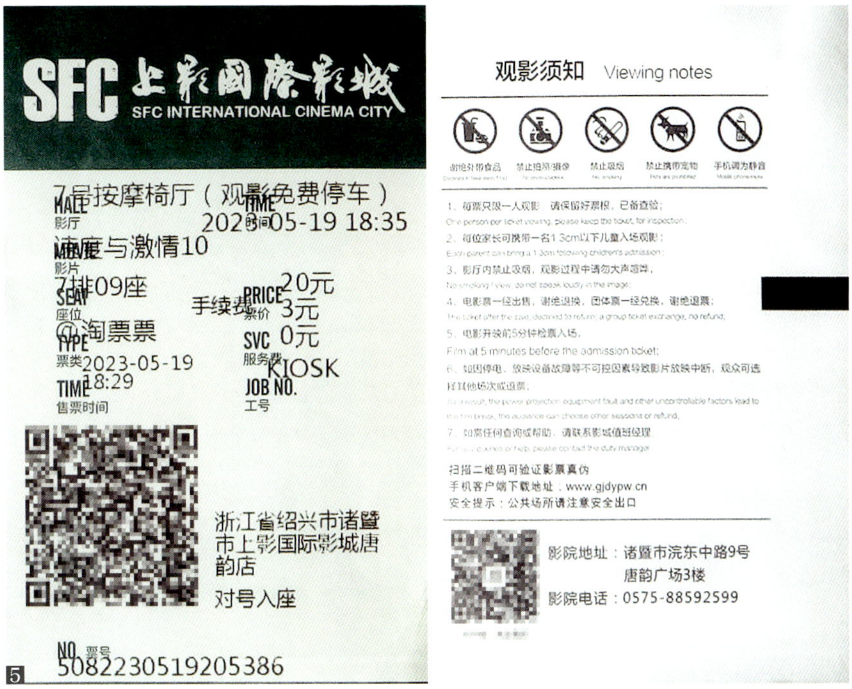

SFC 上影国际影城
SFC INTERNATIONAL CINEMA CITY

7层按摩椅厅（观影免费停车）
HALL
影厅
速度与激情10
影片
7排09座
SEAT 座位
TYPE 电淘票票
票类 2023-05-19
TIME 18:29
售票时间

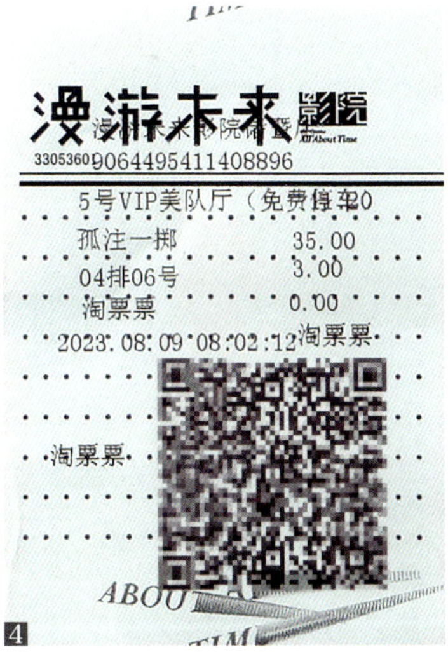

TIME 2023-05-19 18:35
PRICE 20元
票价
手续费 3元
SVC 0元
服务费
KIOSK
JOB NO.
工号

浙江省绍兴市诸暨市上影国际影城唐韵店
对号入座

NO.票号
5082230519205386

观影须知 Viewing notes

（图标：禁止外带食品 禁止拍照摄像 禁止吸烟 禁止携带宠物 手机调为静音）

1. 每票只限一人观影，请保留好票根，已备查验。
2. 每位家长可携带1.3cm以下儿童入场观影；
3. 厅内禁止吸烟、观影过程中请勿大声喧哗；
4. 电影票一经出售，谢绝退票，团体票一经兑换，谢绝退票。
5. 电影开映前5分钟停止入场。
6. 如因停电、放映设备故障等不可控因素致影片放映中断，观众可选择他场次或退票。
7. 如票任何咨询或帮助，请联系影城值班经理。

扫描二维码可验证影票真伪
手机客户端下载地址：www.gjdypw.cn
安全提示：公共场所请注意安全出口

影院地址：诸暨市浣东中路9号
唐韵广场3楼
影院电话：0575-88592599

漫游未来
3305360906449541140889 6

5号VIP美队厅（免费停车0）
孤注一掷 35.00
04排06号 3.00
淘票票 0.00
2023.08.09 08:02:12 淘票票

·淘票票·

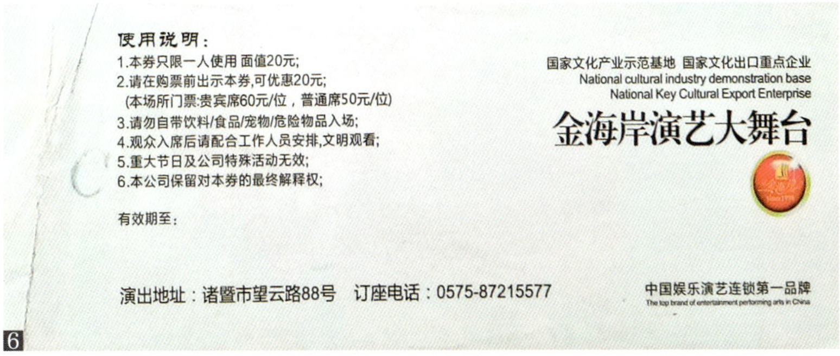

使用说明：
1. 本券只限一人使用 面值20元；
2. 请在购票前出示本券，可优惠20元；
   （本场所门票贵宾席60元/位，普通票50元/位）
3. 请勿自带饮料/食品/宠物/危险物品入场；
4. 观众入席后请配合工作人员安排，文明观看；
5. 重大节日及公司特殊活动无效；
6. 本公司保留对本券的最终解释权；

有效期至：

演出地址：诸暨市望云路88号 订座电话：0575-87215577

国家文化产业示范基地 国家文化出口重点企业
National cultural industry demonstration base
National Key Cultural Export Enterprise

金海岸演艺大舞台
中国娱乐演艺连锁第一品牌

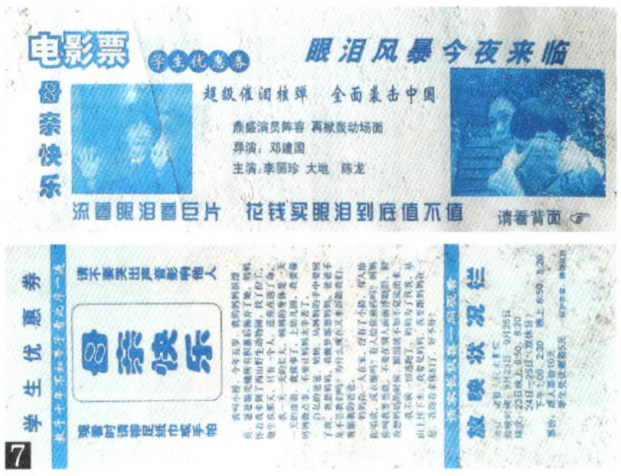

电影票 眼泪风暴今夜来临
超级值得推荐 全面袭击中国
鼎盛演员阵容 再披炭动银幕
导演：邓建国
主演：康丽珍 大地 陈王

浓情眼泪爱巨片 花钱买眼泪到底值不值

横店电影城 副券
浙江绍兴诸暨横店电影城
影厅：6号激光厅 时间：20230809 12:25
片名：热烈
座号：3排 6座 票价：35.00 服务费：4.00
对号入座
票类：（补）网络售票
工号：taopiaop
售票时间：12:03:37
票号：100000000004 75294

影厅：6号激光
时间：12:25
座号：3排 6座
票号：100000000
票价：35.00

诸暨嘉年华影城 GMAX 副券
无副券无效
影厅：3号激光厅（免费停车） 时间：2023-08-08 11:40
片名：孤注一掷（补打1）
座号：7排04座 票价：35.00元 服务费：3.00元
票类：B淘票票
售票时间：2023-08-08 14:27:37 工号：FXY
凭当日影票领取3小时免费停车券
票号：4025230807386515

影厅：3号激光厅（免费）
时间：2023-08-08 11:40
座号：7排04座
票号：4025230807386515
票价：35.00元

SFC 上影国际影城（诸暨宝龙店） 副券
影厅：PP8号沙发厅 时间：13:00
片名：孤注一掷
座号：07排11号 票价：35.00 服务费：2.00
票类：淘票票
售票时间：2023-08-08 12:34:32 工号：3.00
上影国际影城诸暨宝龙店
淘票票
9133030257635328

影厅 HALL：8号沙发厅
TIME：08.09
SEAT：排11
PRICE：2.00

SFC 上影国际影城 观影体验券
超凡体验 完美音效

SFC 上影国际影城 NO.8003462
使用规则：
1. 凭此券可兑换本影城电影票一张。
2. 此券不可兑换现金，不设找零。
3. 此券不得买卖，如有发现此券作废。
4. 此券盖章有效，请在有效期内使用。
5. 此券最终解释权归上影国际影城唐韵店所有。

有效期：2021年9月30日 地址：浣东中路9号唐韵广场3F 电话：0575-88592599

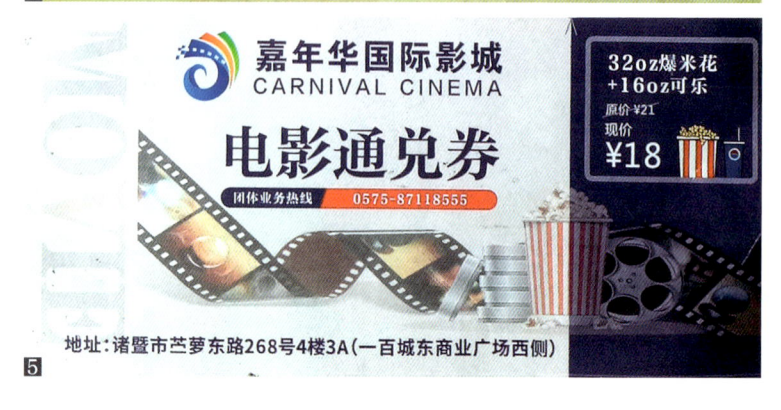

1 诸暨市人民电影院入场券
2 苎萝影城电影兑换券
3 金海岸大舞台电影票
4 2010年店口铭仕电影大世界普通厅观影券
5 诸暨嘉年华国际影城电影通兑券

6 2006年首届西施故里美食节美食体验券
7 2009年诸暨相亲消费券（正、反面）
8 2010年第一百货促销入场券（正、反面）
9 诸暨市首届汽车摩托车展销会入场券

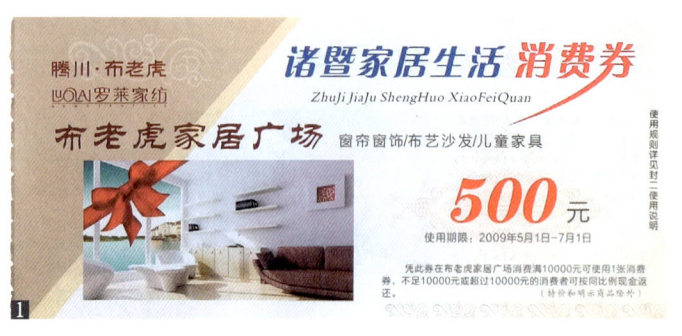

1 2009年诸暨家居生活消费券
2 2023年诸暨市春季房展会融媒体中心"诸多好房 惠暨万家"购房优惠券（正、反面）
3 2010年7月诸暨市东白湖休闲度假中心·游泳中心门票（正、反面）
4 1992年"捐资建造长潭桥 牌头人民感谢您"纪念券
5 佳丽"龙摄影"感恩卡（正、反面）

诸多好房 惠暨万家
购房优惠券
2023诸暨市春季房展会
2月24-26日 / 城市广场盛启
主办单位：诸暨市人民政府
承办单位：诸暨市住房和城乡建设局 诸暨市融媒体中心 诸暨市房地产协会
诸多好房 惠暨万家
购房优惠券
活动时间：2023年2月24-26日·早9点至晚9点
活动地点：诸暨城市广场
金额说明
本优惠券的面额按照实际购房总价分别设置为10000元（总价≤100万元）、20000元（100万元＜总价≤200万元）、30000元（200万元＜总价≤300万元），以此类推，上不封顶。
抢券方式
线上预约成功后至现场组委会领取。
使用期限
2023年2月24日-3月31日下定并完成网签的客户可使用本优惠券。
使用规则
本券仅适用于本次房展会参展房企。客户凭此券认购商品住房，签约时可在享受完售楼处全部优惠后再按优惠券金额抵扣房款。仅限本人单次使用，不得转让，仅限使用一张购房优惠券。
参展房企
2

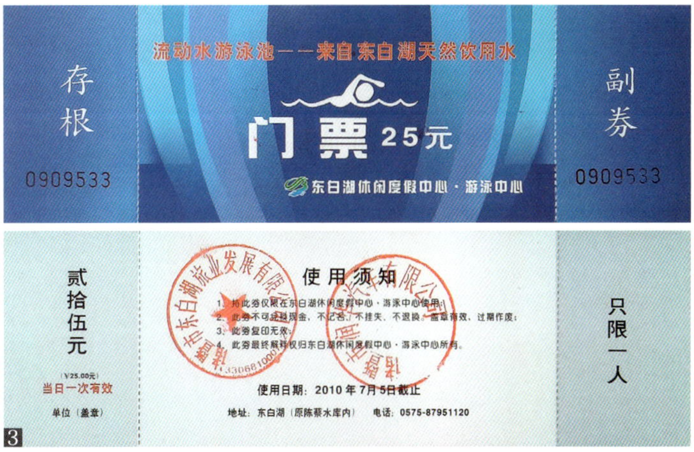
存根
0909533
流动水游泳池——来自东白湖天然饮用水
门票 25元
东白湖休闲度假中心·游泳中心
副券
0909533
贰拾伍元
（￥25.00元）
当日一次有效
单位（盖章）
使用须知
1. 持此券仅限在东白湖休闲度假中心·游泳中心使用；
2. 此券不可兑换现金，不记名，不挂失、不退换。盖章有效、过期作废；
3. 此券复印无效；
4. 此券最终解释权归东白湖休闲度假中心·游泳中心所有。
使用日期：2010 年 7月 5日截止
地址：东白湖（原陈蔡水库内）　电话：0575-87951120
只限一人
3

4

佳丽龙摄影
婚纱摄影/新娘嫁衣/全家福/个人写真/婚纱电影
感恩卡
电话/0575-88111188 网址/www.jialilong.net
副联
姓名：
电话：
Q Q：
是否有亲友介绍：
是　否
佳丽龙摄影
龙福满城
龙年男女完美结婚计划
龙福与您分享
佳丽龙摄影
龙人龙年龙摄影，情浓意浓爱更浓！
5

1 诸暨一百集团罗森便利店订餐卡
2 2023年第十七届中国·大唐国际袜业博览会参观证
3 2015年诸暨市淀塘畈托老养老服务中心免费体验券（正、反面）

4 诸暨市烈士纪念馆工作人员证
5 2013年诸暨市淀塘畈休闲农庄入场券（正、反面）

邮品类

邮品见证诸暨的发展历程

自1984年以来,诸暨的邮电局开始办理集邮业务,并逐渐发展壮大。邮票、封、片、简、戳等邮政用品的发行和使用,不仅丰富了集邮爱好者的收藏,也见证了诸暨在邮政事业上的发展。邮票被誉为"国家名片",而诸暨通过邮品向全国乃至全世界展示了其丰富的文化和历史。

在诸暨的邮品中,我们可以看到许多与当地发展紧密相关的主题。例如,《西施故里风光》明信片首发式在诸暨举行,展现了诸暨的自然风光和历史文化底蕴。而《绘画作品》特种邮票首发仪式也在诸暨举行,其中纳入了诸暨籍明代画家陈洪绶的《玉堂柱石图》,进一步提升了诸暨的文化影响力。

通过邮品我们也可以看到,诸暨的基础教育取得了显著的成就。浙江省委提出的"远学桃江,近学诸暨"的口号,肯定了诸暨在发展教育方面的经验。诸暨的基础教育堪称发达,被授予了"全国基础教育先进县""浙江省教育强市"等称号。浙江农林大学暨阳学院的建立,更是为诸暨带来了首所全日制普通高等院校,为当地教育注入了新的活力。

此外,从邮品中我们也可以看到诸暨的师范教育有着悠久的历史。从最早的县师范讲习所,到解放后的省诸暨初级师范学校、白门初中、诸暨师范学校等,都为当地培养了大量的教育人才。这些师范学校不仅为小学输送了师资,还为当地的文化传承和发展做出了贡献。

这些与诸暨相关的邮品仅仅是其中的一部分,它们在诸暨的发展历程中扮演了重要的角色。它们不仅见证了诸暨在邮政事业上的发展,还展示了当地丰富的历史文化和教育成果。通过这些邮品,我们可以更好地了解诸暨的发展历程和对未来的展望。

1 《成语典故（二）·卧薪尝胆》邮票
2 陈洪绶《明、清扇面画》邮票
3 《成语典故（二）》特种邮票新邮预报

延伸阅读：集邮业务

1984年7月，诸暨县邮电局开始办理集邮业务。1985年7月，开设集邮门市部，1987年12月，诸暨县集邮协会成立。1989年5月，县邮电局邮票公司成立。同年11月，市邮政局与市政府办公室联合制发诸暨撤县设市纪念封1套2枚。1992年1月，《孙传哲邮票设计作品集》暨《西施故里风光》明信片首发式在诸暨西子宾馆举行。1995年，县邮电局邮票公司与省邮票公司共同举办1995浙江邮票拍卖会，并开展《西施》邮票选题申报；1996年，开发ZJPI纯金生肖邮品；1997年，开展《卧薪尝胆》邮票选题申报。1999年1月20日，市邮政局发行邮品《艺苑四贤》，分5组：王冕、杨维桢1组，陈洪绶2组，余任天2组。共由50张明信片组成。2005年1月，《西施故里——诸暨市》系列邮

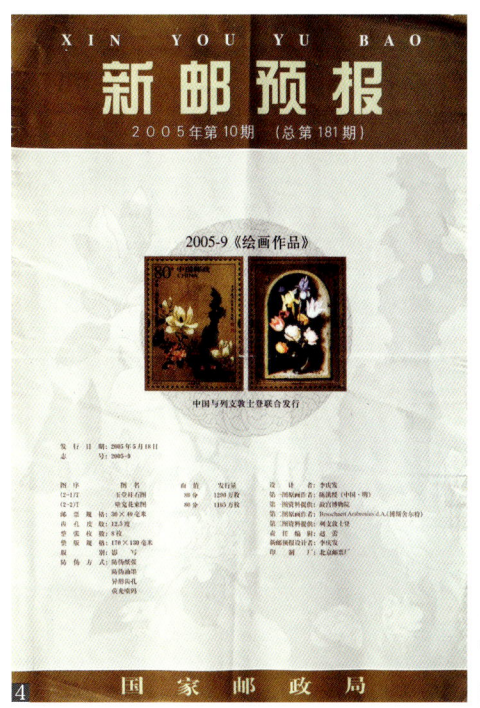

4 陈洪绶《玉堂柱石图》新邮预报
5 陈洪绶《玉堂柱石图》邮票

品发行。5月18日，由国家邮政局主办，浙江省邮政局、诸暨市人民政府协办，浙江省邮票局、诸暨市委宣传部、诸暨市邮政局，以及市文化局、旅游局共同承办的中国——列支敦士登联合发行《绘画作品》特种邮票首发仪式在诸暨城市广场举行，诸暨籍明代画家陈洪绶的《玉堂柱石图》入选《绘画作品》邮票系列。2010年，《卧薪尝胆》入选国家邮政局发行的《成语典故（二）》特种邮票（4-2），并于4月18日在五角广场邮政所举行首发仪式，是为诸暨第一次在国家邮票发行史上留下的记录。2011年3月21日，《中国古典文学名著——儒林外史·王冕画荷》特种邮票首发式在诸暨市会展中心举行。[1]

1. 诸暨市地方志编纂委员会办公室编：《诸暨市志（1979—2012）》，浙江古籍出版社，2021年。

1 《成语典故（二）》特种邮票首日封（正、反面）

2 《成语典故（二）》特种邮票首日封（正、反面）

3 昆曲《浣纱记》特种邮票新邮预报新邮预报

技术资料

邮票名称：昆曲
志　　号：2010-14
（3-1）T 浣纱记 1.20元
（3-2）T 牡丹亭 1.20元
（3-3）T 长生殿 1.20元
全套枚数：3枚
全套面值：3.60元
发行日期：2010年6月12日
邮票规格：30×50毫米
齿孔度数：13.5度
整张枚数：版式一 16枚
　　　　　版式二 9枚（3套）
整张规格：版式一 150×240毫米
　　　　　版式二 165×180毫米
版　　别：胶印
设 计 者：叶华
印 制 厂：河南省邮电印刷厂

背景资料

昆曲，发源于江苏昆山一带，是我国传统戏曲中最古老的戏种之一，至今已有六百多年的历史，被称为"百戏之师"、"中国戏曲活化石"。2001年，昆曲被联合国教科文组织列入首批"人类口头和非物质遗产代表作"。

昆曲的音乐流丽悠远、婉转缠绵。昆曲表演最大的特点是抒情性强、动作细腻，歌唱与舞蹈的身段结合得巧妙而和谐。

中国集邮总公司同时发行首日封、启用纪念戳各一枚，该封可使用中国邮政专用视频点读笔点读昆曲介绍及选段。

中国邮政集团公司　　www.chinapost.cn
中国集邮总公司　　　www.cpi.com.cn

新邮预报
New Issue Bulletin
2010 No.14

中国邮政集团公司
CHINA POST GROUP

昆曲 特种邮票
Kunqu Opera — Special Stamps

1. 昆曲《浣纱记》邮票
2. 昆曲特种邮票《浣纱记》发行纪念封（正、反面）
3. 西施故里系列贺年明信片（一套2张）
4. 《艺坛四贤》个性化邮票（全张）
5. 《儒林外史》新邮预报（正、反面）
6. 《诸暨三贤》个性化邮票（全张）

113

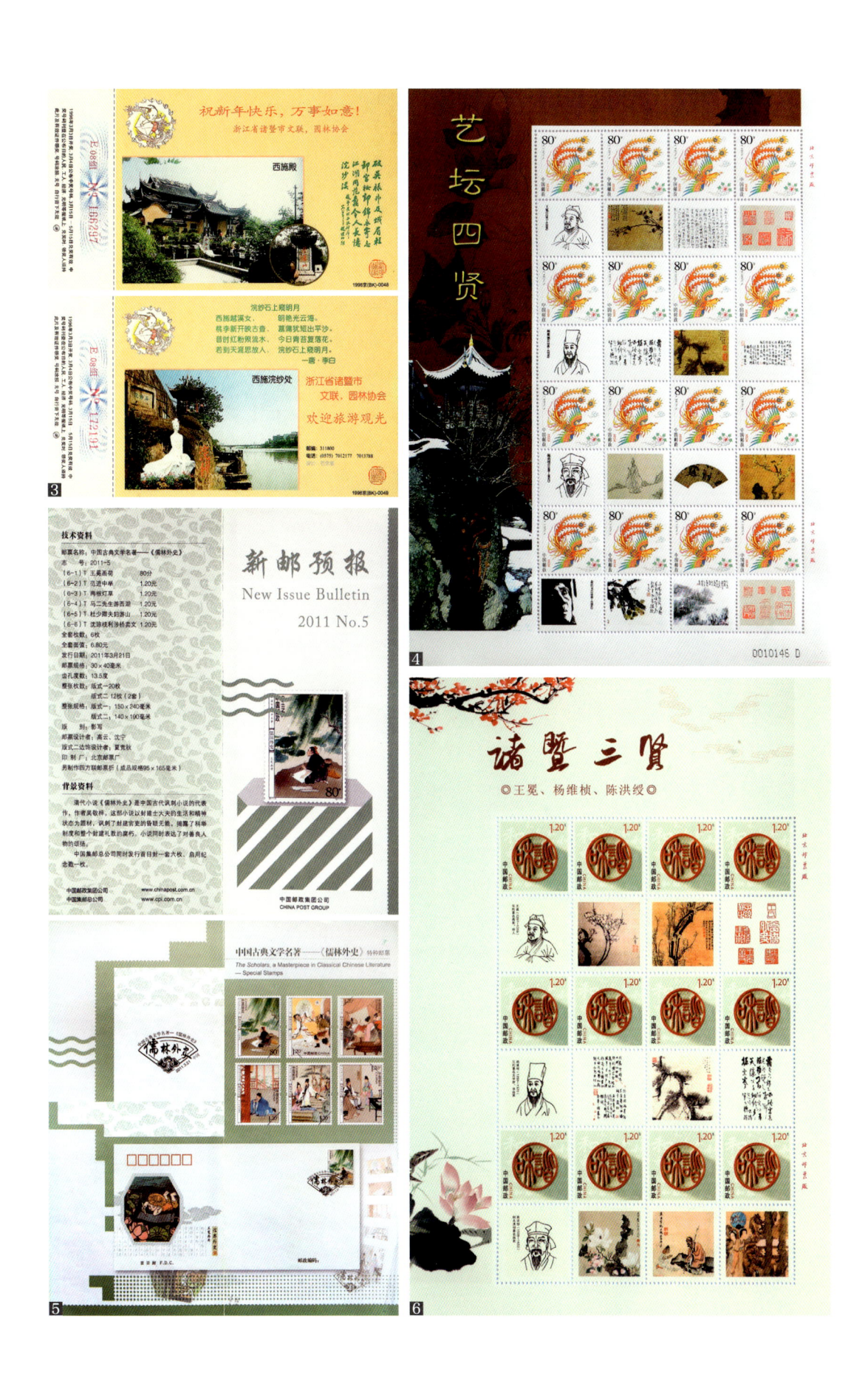

1 王冕个性化邮票、明信片

2 《儒林外史》纪念邮票首日封（正、反面）

3 《儒林外史》邮票（全张）

4 《王冕画荷》邮票、明信片

5 《儒林外史》特种邮票、王冕画荷首日封（正、反面）

114

2011—5 《中国古典文学名著——〈儒林外史〉》特种邮票

中国集邮总公司于2011年3月21日发行《中国古典文学名著——〈儒林外史〉》特种邮票首日封一套六枚，《中国古典文学名著——〈儒林外史〉》特种邮票一套六枚，面值共6.80元，邮票图名分别为：王冕画荷、范进中举、两根灯草、马二先生游西湖、杜少卿夫妇游山、沈琼枝利涉桥卖文。

清代小说《儒林外史》是中国古代讽刺小说中的代表作，作者吴敬梓。这部小说以封建士大夫的生活和精神状态为题材，揭刺了封建官史的鄙陋无能，揭露了科举制度和整个封建礼教的腐朽。小说同时表达了对善良人物的颂扬。"王冕画荷"写王冕自幼丧父，但天资聪颖，自学成才，通经史天文，酷画荷花。话近闻名，王冕虽满腹经纶，但轻视功名富贵，不愿做官。作者笔下知识分子中的典范，作为小说的开篇人物，在全书中起到提纲挈领的作用。

2011—5 The Scholars, a Masterpiece in Classical Chinese Literature — Special Stamps

On March 21, 2011, China National Philatelic Corporation issued a set of six first-day covers carrying a set of six special stamps entitled "The Scholars, a Masterpiece in Classical Chinese Literature," with a total face value of 6.80 yuan. The stamp pictures are named "Lotus Painter Wang Mian," "Fan Jin Succeeding in the Imperial Exam," "Two Lamp Wicks," "Mr. Ma Er Visiting West Lake," "The Shouqing and His Wife on a Mountain Tour," and "Shen Qiongzhi Selling Poetry on Lishe Bridge," respectively.

Rulin Waishi, literally translated as Unofficial History of the Scholars, or simply as The Scholars, is an outstanding full-length satirical novel in the History of Chinese literature. Created in the Qing Dynasty by Wu Jingzi (1701–1754), the classic, while reflecting the author's praise and recognition towards the good characters, depicts the lives and minds of Chinese feudal scholar-bureaucrats, mercilessly satirizes the bizarry and incompetence of feudal officials, and exposes the corruption of imperial examination system as well as the abominable feudal ethics as a whole. "Lotus Painter Wang Mian" is a story about a talented person named Wang Mian, who was born into a poor family. He grew up teaching himself how to read and draw and finally acquired considerable fame for his mastery of history and astronomy and excellence in painting lotus. Despite his admirable talent and profound learning, Wang despised wealth and power, and refused to be an official. A typical unselfish created by the author, this character appears in the opening chapter, playing a pivotal role in the book.

首日封、戳设计：尚盈　　　　　　　　　　　　　Designer of cover and cancellation: Shang Ying
发行量：200000　　　　　　　　　　　　　　　　　No. 024781 (6-1)

诸暨三贤图·张一青(画家)作

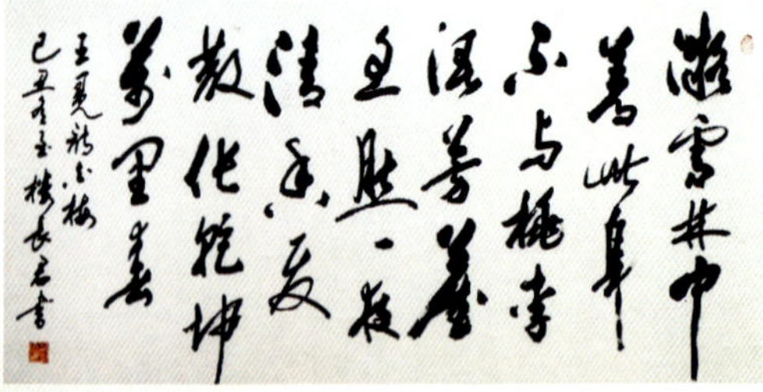

王冕墨梅诗·楼长君(书法家)书

王冕诗·陈民（中国书法家协会会员、西泠印社社员）作

《儒林外史》赞王冕为嵚崎磊落之人

葛焕标(中国人民解放军中将)书

王冕墨梅诗·陈俊愉(中国工程院院士、北京林业大学教授、国际梅文化研究权威)书

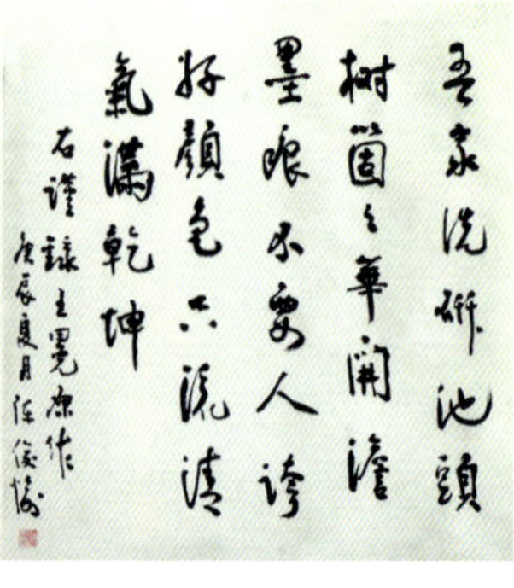

1. 中国邮政明信片（一组5张）
2. 中国邮政明信片·王冕作品（一组6张）
3. 《儒林外史·王冕画荷》特种邮票发行纪念封（正、反面）
4. 《儒林外史》特种邮票发行纪念封之《王冕》（正面）

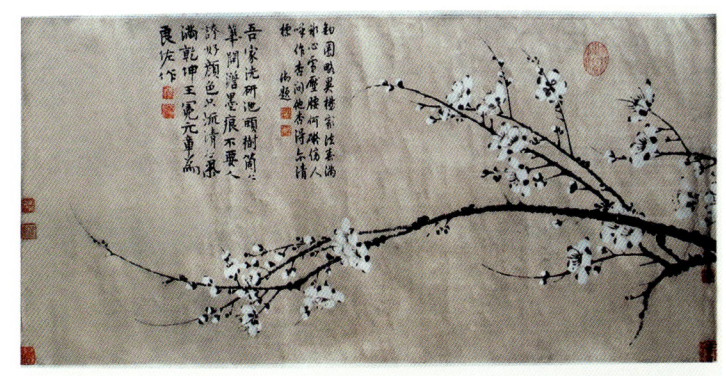

117

1. 中国邮政明信片·王冕作品（一组 7 张）
2. 杨维桢个性化邮票、明信片
3. 中国邮政明信片·杨维桢作品（一组 3 张）
4. 《明、清扇面画》新邮报导（正、反面）
5. 陈洪绶诞辰 400 周年纪念封暨诸暨博物馆开馆纪念封

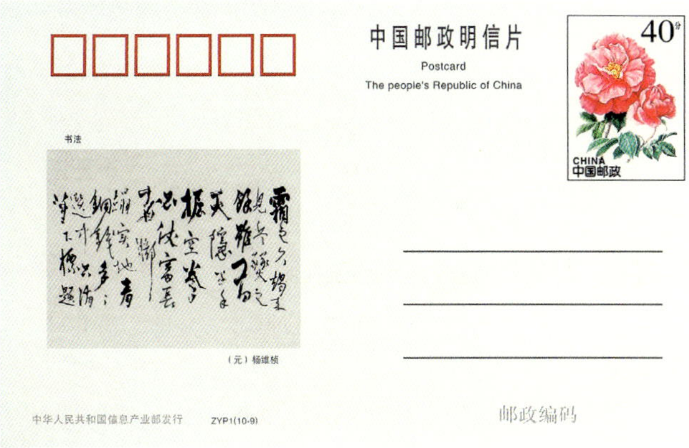

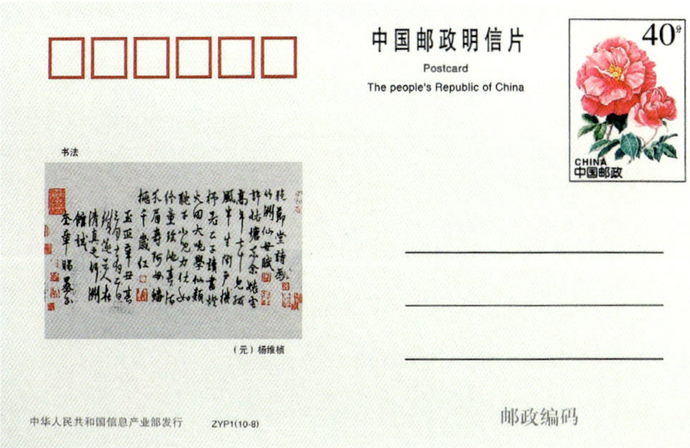

3

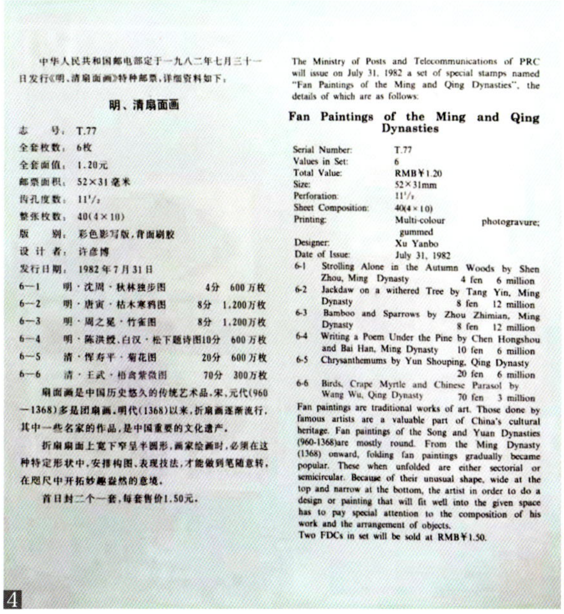

中华人民共和国邮电部定于一九八二年七月三十一日发行《明、清扇面画》特种邮票，详细资料如下：

明、清扇面画

志　　号：T.77
全套枚数：6枚
全套面值：1.20元
邮票面积：52×31毫米
齿孔度数：11¹/₂
整张枚数：40(4×10)
版　　别：彩色影写版，背面刷胶
设 计 者：许彦博
发行日期：1982年7月31日

6—1	明·沈周·秋林独步图	4分	600万枚
6—2	明·唐寅·枯木寒鸦图	8分	1,200万枚
6—3	明·周之冕·竹雀图	8分	1,200万枚
6—4	明·陈洪绶、白汉·松下题诗图	10分	600万枚
6—5	清·恽寿平·菊花图	20分	600万枚
6—6	清·王武·梧禽紫薇图	70分	300万枚

扇面画是中国历史悠久的传统艺术品，宋、元代(960—1368)多是团扇画，明代(1368)以来，折扇画逐渐流行，其中一些名家的作品，是中国重要的文化遗产。

折扇扇面上宽下窄呈半圆形，画家绘画时，必须在这种特定形状中，安排构图、表现技法，才能做到笔随意转，在咫尺中开拓妙趣盎然的意境。

首日封二个一套，每套售价1.50元。

The Ministry of Posts and Telecommunications of PRC will issue on July 31, 1982 a set of special stamps named "Fan Paintings of the Ming and Qing Dynasties", the details of which are as follows:

Fan Paintings of the Ming and Qing Dynasties

Serial Number: T.77
Values in Set: 6
Total Value: RMB¥1.20
Size: 52×31mm
Perforation: 11¹/₂
Sheet Composition: 40(4×10)
Printing: Multi-colour photogravure; gummed
Designer: Xu Yanbo
Date of Issue: July 31, 1982

6-1	Strolling Alone in the Autumn Woods by Shen Zhou, Ming Dynasty	4 fen	6 million
6-2	Jackdaw on a withered Tree by Tang Yin, Ming Dynasty	8 fen	12 million
6-3	Bamboo and Sparrows by Zhou Zhimian, Ming Dynasty	8 fen	12 million
6-4	Writing a Poem Under the Pine by Chen Hongshou and Bai Han, Ming Dynasty	10 fen	6 million
6-5	Chrysanthemums by Yun Shouping, Qing Dynasty	20 fen	6 million
6-6	Birds, Crape Myrtle and Chinese Parasol by Wang Wu, Qing Dynasty	70 fen	3 million

Fan paintings are traditional works of art. Those done by famous artists are a valuable part of China's cultural heritage. Fan paintings of the Song and Yuan Dynasties (960-1368)are mostly round. From the Ming Dynasty (1368) onward, folding fan paintings gradually became popular. These when unfolded are either sectorial or semicircular. Because of their unusual shape, wide at the top and narrow at the bottom, the artist in order to do a design or painting that will fit well into the given space has to pay special attention to the composition of his work and the arrangement of objects.

Two FDCs in set will be sold at RMB¥1.50.

4

5

1 陈洪绶诞辰400周年纪念·水浒叶子纪念票（一）
2 陈洪绶诞辰400周年纪念·水浒叶子纪念票（二）
3 《明、清扇面画》特种邮票首日封（正、反面）

121

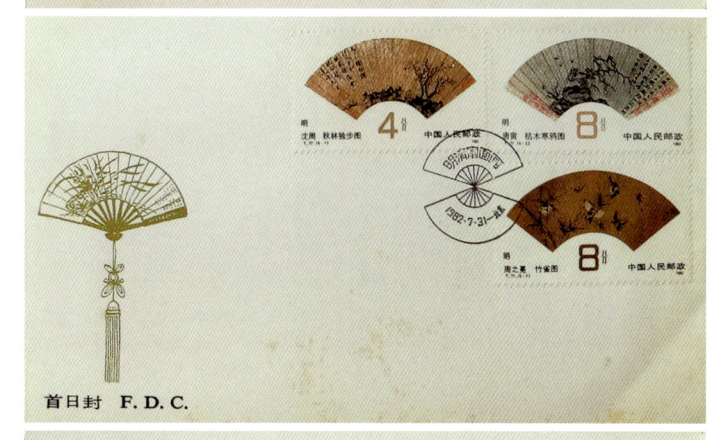

1. 中国—列支敦士登联合发行邮票纪念
2. 陈洪绶作品《玉堂柱石图》中国邮政明信片（正、反面）
3. 2003年贺年明信片陈洪绶作品（一组4张）
4. 陈洪绶作品中国邮政明信片（一套10张）（正面）

123

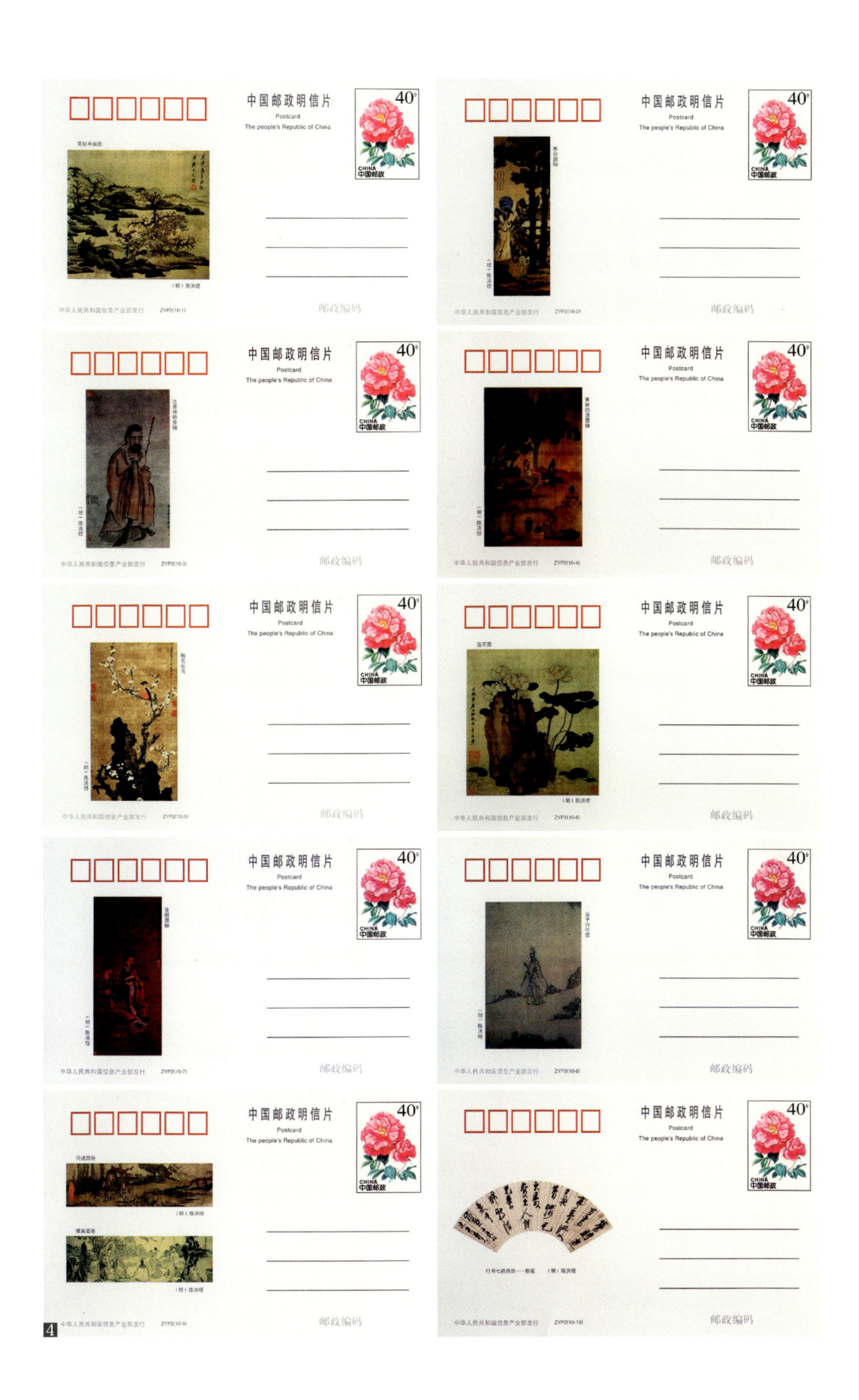

1 2012年春中国邮政明信片贴陈洪绶个性化邮票

2 余任天作品明信片

3 陈洪绶作品明信片（一套10张）（正面）

中国邮政明信片
Postcard
The people's Republic of China
40
CHINA
中国邮政
邮政编码

3

1 余任天作品明信片（一套17张）

127

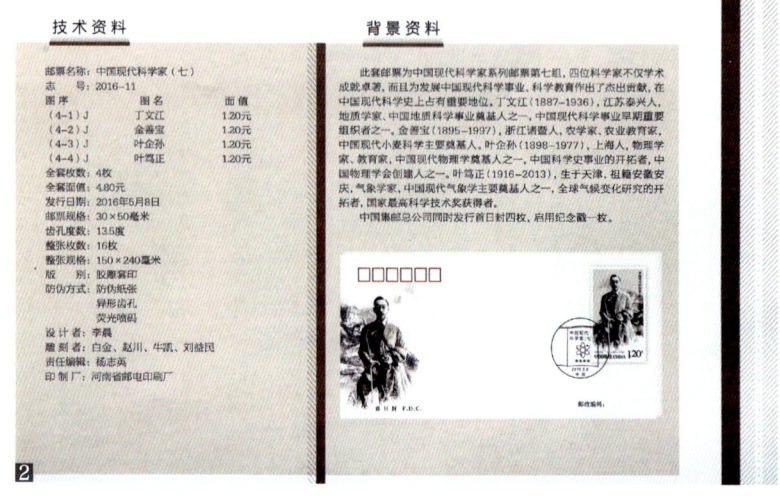

1. 金善宝诞辰115周年纪念明信片（正面）
2. 《中国现代科学家（七）》（正面）新邮预报
3. 《中国现代科学家（七）农学家金善宝》邮票
4. 《中国现代科学家（七）农学家金善宝》纪念邮票、纪念封

《中国现代科学家（七）》纪念邮票

《中国现代科学家（七）》纪念邮票

此套邮票是继1988年、1990年、1992年、2006年、2012年和2014年发行的六组《中国现代科学家》系列邮票之后的第七组。拟表现金善宝、叶企孙、叶笃正、丁文江四位现代科学家。

金善宝（1895-1997），著名农学家、教育学家。浙江诸暨人，男，中共党员，中国科学院院士。金善宝为中国培养了几代农业教育、科研和生产管理人才。早期育成的"南大2419"、"矮立多"等小麦优良品种，最大年种植面积达7000多万亩，为中国小麦增产做出了重大贡献；后又发现并定名了中国独有的普通小麦亚种——云南小麦。中国现代小麦科学主要奠基人。

金善宝1895年7月2日生于浙江诸暨市石峡口村。先后在浙江劳农学院、国立浙江大学等校任副教授、教授、农艺系主任。主编的《中国小麦栽培学》、《中国小麦品种志》、《中国小麦品种及其系谱》和《中国农业百科全书·农作物卷》等专著，集中反映了建国以来作物科学，特别是小麦科学的发展与成就。为中国培养了几代农业教育、科研和生产管理人才。

1. 1963—2018"枫桥经验"个性化邮票全张票
2. 2003年《枫桥经验四十周年纪念1963—2003》个性化邮票
3. 2003年枫桥经验四十周年1963—2003纪念封
4. 2005年诸暨市人民政府信封
5. 2010年中国共产党诸暨市委员会贺岁明信片
6. 2010年诸暨市人民政府贺岁明信片
7. 2010年中共诸暨市委诸暨市人民政府贺岁明信片
8. 2011年中国邮政·中共诸暨市委诸暨市人民政府贺岁明信片
9. 中国衬衫名镇枫桥镇明信片
10. 城西工业新城建设明信片

延伸阅读："枫桥经验"

"枫桥经验"是20世纪60年代初浙江省诸暨市枫桥镇干部群众创造的"发动和依靠群众，坚持矛盾不上交，就地解决，实现捕人少、治安好"的管理方式。习近平总书记在党的二十大报告中指出："在社会基层坚持和发展新时代'枫桥经验'，完善正确处理新形势下人民内部矛盾机制，加强和改进人民信访工作，畅通和规范群众诉求表达、利益协调、权益保障通道，完善网格化管理、精细化服务、信息化支撑的基层治理平台，健全城乡社区治理体系，及时把矛盾纠纷化解在基层、化解在萌芽状态。"

"小事不出村，大事不出镇，矛盾不上交。"20世纪60年代由浙江枫桥干部群众创造的"依靠群众就地化解矛盾"的"枫桥经验"，在新时代伟大实践中丰富发展，更加强调党的领导、更加彰显法治思维、更加突出科技支撑、更加注重社会参与，焕发出旺盛生机与活力，成为全国政法综治战线的一面旗帜。实践充分证明，"枫桥经验"是党领导人民创造的一整套行之有效的社会治理方案，成为我国推进基层社会治理的"金字招牌"。

131

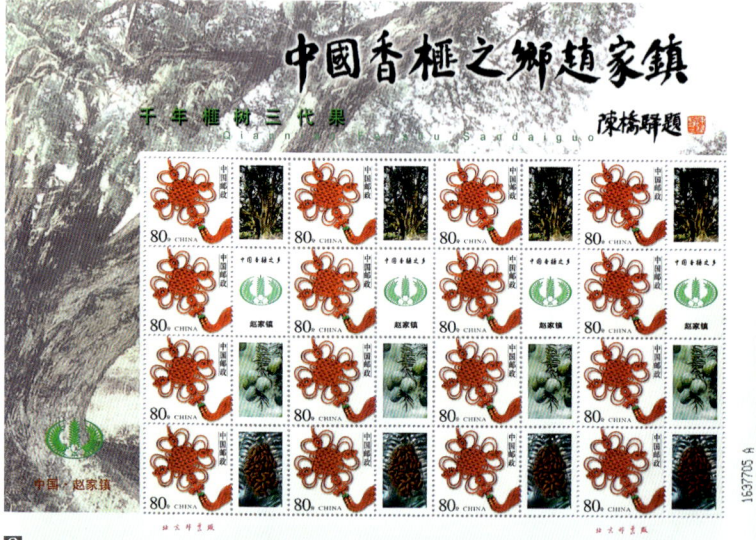

1. 诸暨市店口镇人民政府明信片
2. 《中国香榧之乡赵家镇》个性化邮票
3. 《珍珠之乡山下湖镇》个性化邮票
4. 2008年诸暨市大唐镇建镇20周年纪念封
5. 诸暨市总工会纪念封
6. 2002年诸暨市公安局贺岁明信片
7. 诸暨市交通局明信片（正、反面）

133

1. 2008年诸暨市大唐镇建镇20周年个性化邮票
2. 纪念诸暨市总工会建会八十周年个性化邮票
3. 各个办事处的信封

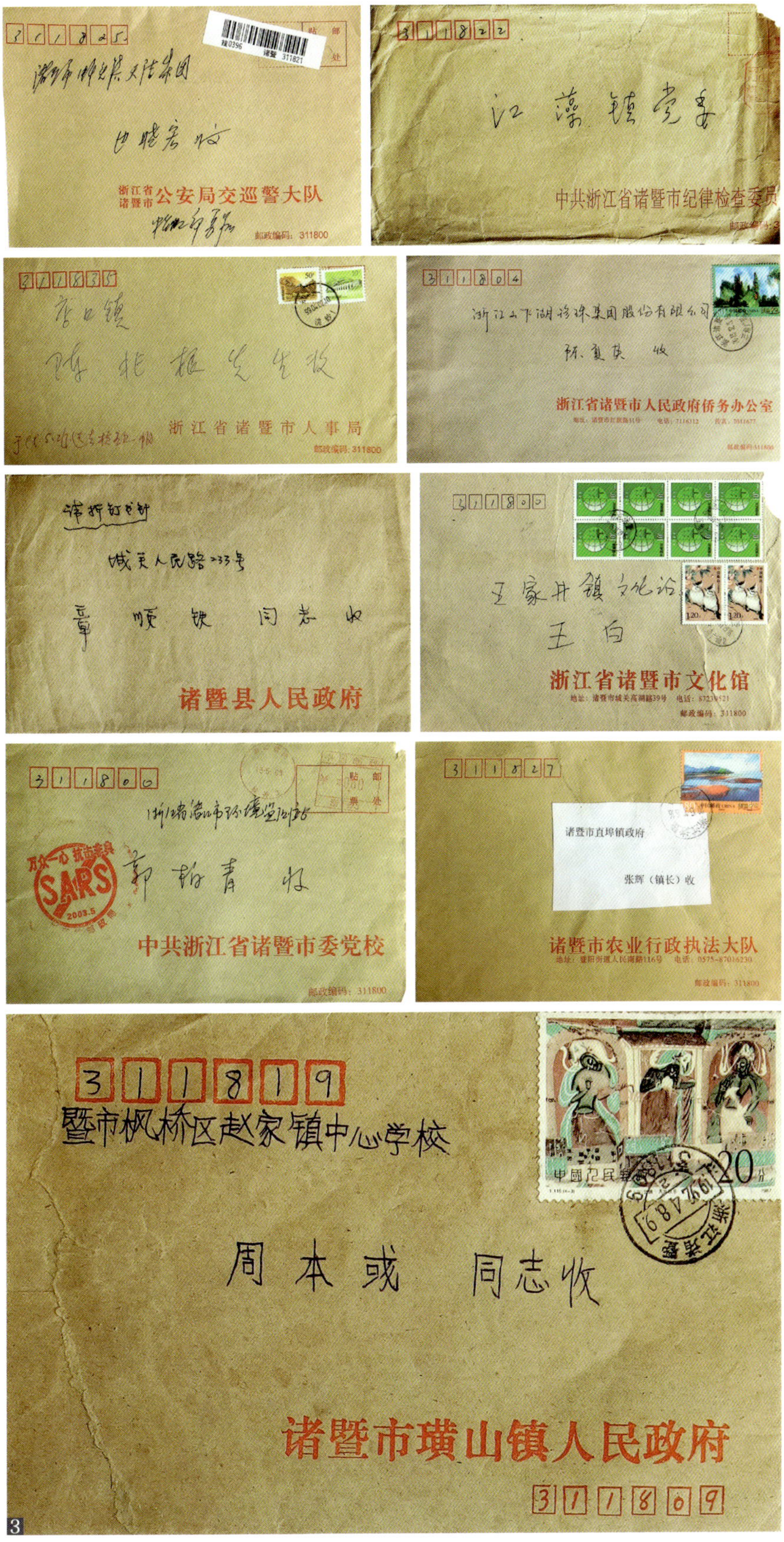
浙江省诸暨市公安局交巡警大队
邮政编码：311800
江藻镇党委
中共浙江省诸暨市纪律检查委员
浙江省诸暨市人事局
邮政编码：311800
浙江省诸暨市人民政府侨务办公室
诸暨县人民政府
浙江省诸暨市文化馆
邮政编码：311800
中共浙江省诸暨市委党校
邮政编码：311800
诸暨市直埠镇政府
张辉（镇长）收
诸暨市农业行政执法大队
邮政编码：311800
311819
暨市枫桥区赵家镇中心学校
周本彧 同志收
诸暨市璜山镇人民政府
311869

3

1 诸暨市体育总会明信片
2 诸暨市建设局明信片
3 2009年诸暨市环境保护局贺年明信片
4 诸暨市审计局成立20周年个性化邮票

136

5 诸暨市房地产管理处新大楼落成纪念个性化邮票

6 诸暨市气象局数字化天气雷达站启用纪念个性化邮票

1 诸暨市气象局信封

2 诸暨市老年书画协会信封

3 诸暨市程控电话开通纪念封（正、反面）

4 诸暨市国土资源局明信片

5 共创平安诸暨　共建和谐家园明信片

139

1. 2004年第四届中国（国际）珍珠节纪念封（正、反面）
2. 2003年第四届中国袜业博览会纪念封（正、反面）
3. 2005年第六届中国国际袜业博览会纪念封（正、反面）
4. 中国乒乓球擂台赛纪念封（正、反面）
5. 2003年第四届中国袜业博览会个性化邮票

第四届中国袜业博览会
The 4th China Hosiery Industry Expo

1. 2005年第六届中国国际袜业博览会纪念个性化邮票
2. 2004年诸暨市第六届运动会胜利召开明信片
3. 全国体育先进市个性化邮票
4. 浙江省第四届职工运动会男子篮球赛个性化邮票

热烈祝贺浙江省第四届职工运动会男子篮球赛在我市隆重举行

4

1. 诸暨市集邮协会第三次代表大会纪念封（正、反面）

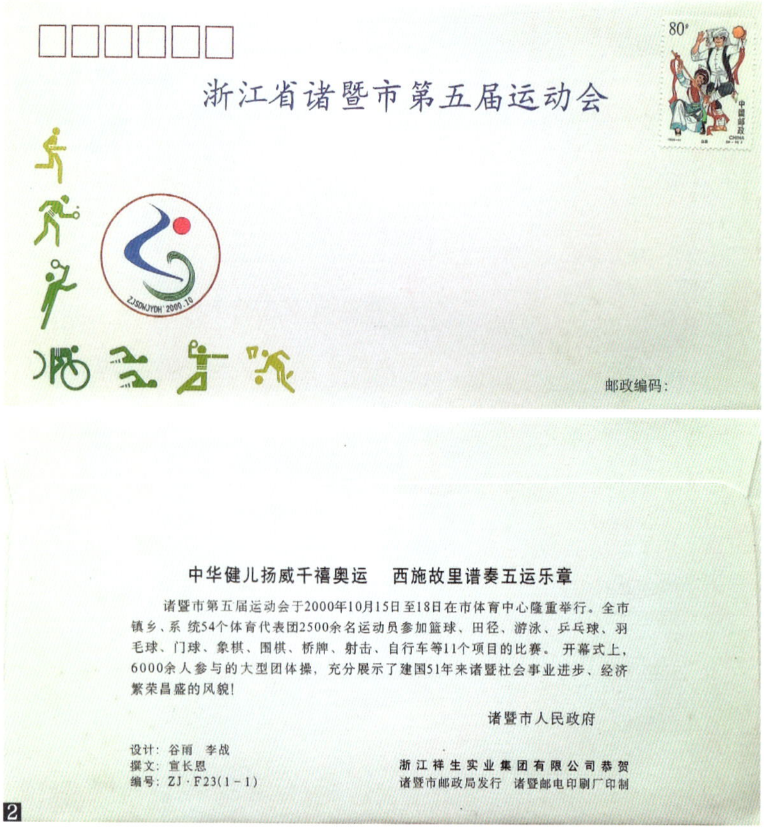

2. 诸暨市第五届运动会纪念封（正、反面）

3. 诸暨市集邮协会第五次代表大会纪念封（正、反面）

4. 骆祥灿个人集邮藏品展览纪念封（正、反面）

5. 诸暨市集邮协会成立二十周年纪念贺年有奖信封（正、反面）

6. 诸暨市集邮协会第六次代表大会纪念封（正、反面）

145

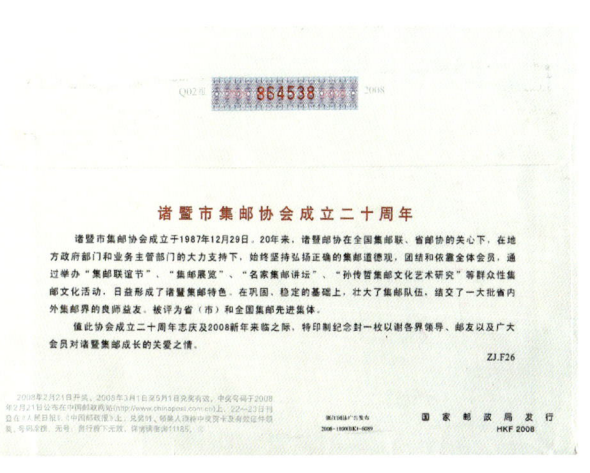

146

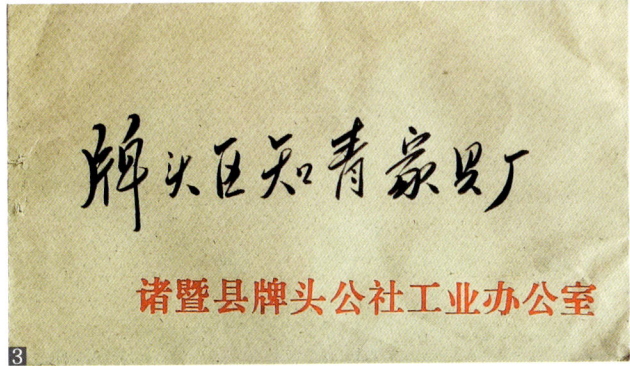

1 诸暨市集邮协会第五次代表大会个性化邮票
2 诸暨市兰花协会成立纪念个性化邮票
3 诸暨县牌头公社工业办公室信封
4 诸暨县马剑乡工业办公室信封
5 诸暨县新胜公社工业办公室信封
6 诸暨宜东乡钟家村民委员会信封
7 诸暨中学五七工厂信封
8 诸暨县螺丝厂革委会信封

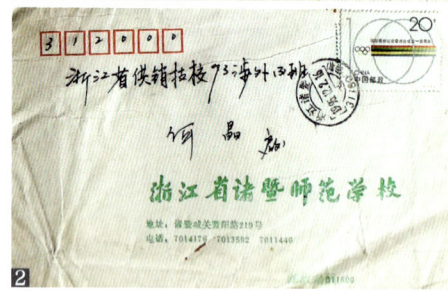

延伸阅读：基础教育

诸暨的基础教育堪称发达。1980年，浙江省委提出"远学桃江，近学诸暨"的号召，肯定诸暨发展教育的经验。1986年，诸暨被国家教委授予"全国基础教育先进县"称号。在此基础上，诸暨持续开展创建"绍兴市高标准普及九年制义务教育乡（镇）"，创建"浙江省教育强镇"和创建省级、绍兴市级示范学校等工作。1995—1996年，诸暨引入社会力量，先后创办海亮、天马、荣怀3所民办全日制寄宿学校。2000年，诸暨被省委、省政府评为首批"浙江省教育强市"。2003年，诸暨市所有乡镇（街道）通过"高标准普及九年制义务教育"验收，并被省教育厅命名为"浙江省教育强镇"。2011年，诸暨市政府与浙江农林大学签订合作办学协议。翌年3月，浙江农林大学暨阳学院校区建设启动，诸暨迎来首所全日制普通高等院校。[2]

延伸阅读：诸暨师范学校

诸暨师范学校，清宣统年间，创办于城区的县师范讲习所，为全县最早的师范学校。1930年，诸暨县立初中附设师范培训班，1941年，在五泄寺的县立初级农业职业学校附设乡村师范班，1943年，于璜山延庆寺举办县立简易师范学校，招收4年制简师2班。1949年下半年，该校改办为诸暨县立初级中学。1952年，设于白门乡的县速成师范学校是解放后创办的第一所师范学校。1953年4月，杭县初级师范学校并入，学校改名为浙江省诸暨初级师范学校。1957年暑假，师范学校停办，除少数毕业、分配工作外，绝大部分学生转入义乌师范普通师范班学习，该校改办为白门初中。1958年，诸暨中学附设师范专科学校。1959年，附设班、校均停办，于城关镇创办诸暨师范学校，1962年停办。

1 诸暨师范学校信封
2 诸暨师范学校信封

2. 诸暨市地方志编纂委员会办公室编：《诸暨市志（1979—2012）》，浙江古籍出版社，2021年。

3 绍兴市农业学校、绍兴市机电学校明信片

3. 诸暨县地方志编纂委员会编：《诸暨县志》，浙江人民出版社，1993年。

1975年，以"绍兴师范诸暨分校"名义，复办诸暨师范学校，开设2年制文史、数理班，培养初中师资；1977年，面向绍兴地区招生。1978年，定名诸暨师范学校。1981年秋，改设3年制普通师范，招收初中毕业生入学，培养小学师资。1985年，迁至望云路单独设校。1978年，该校设函授部。1980年，设县高等师范函授站。[3]

1 诸暨中学（暨阳分校）1912-2012 明信片
2 诸暨中学 1912-2008 明信片
3 诸暨中学 1912-2011 明信片
4 牌头中学明信片

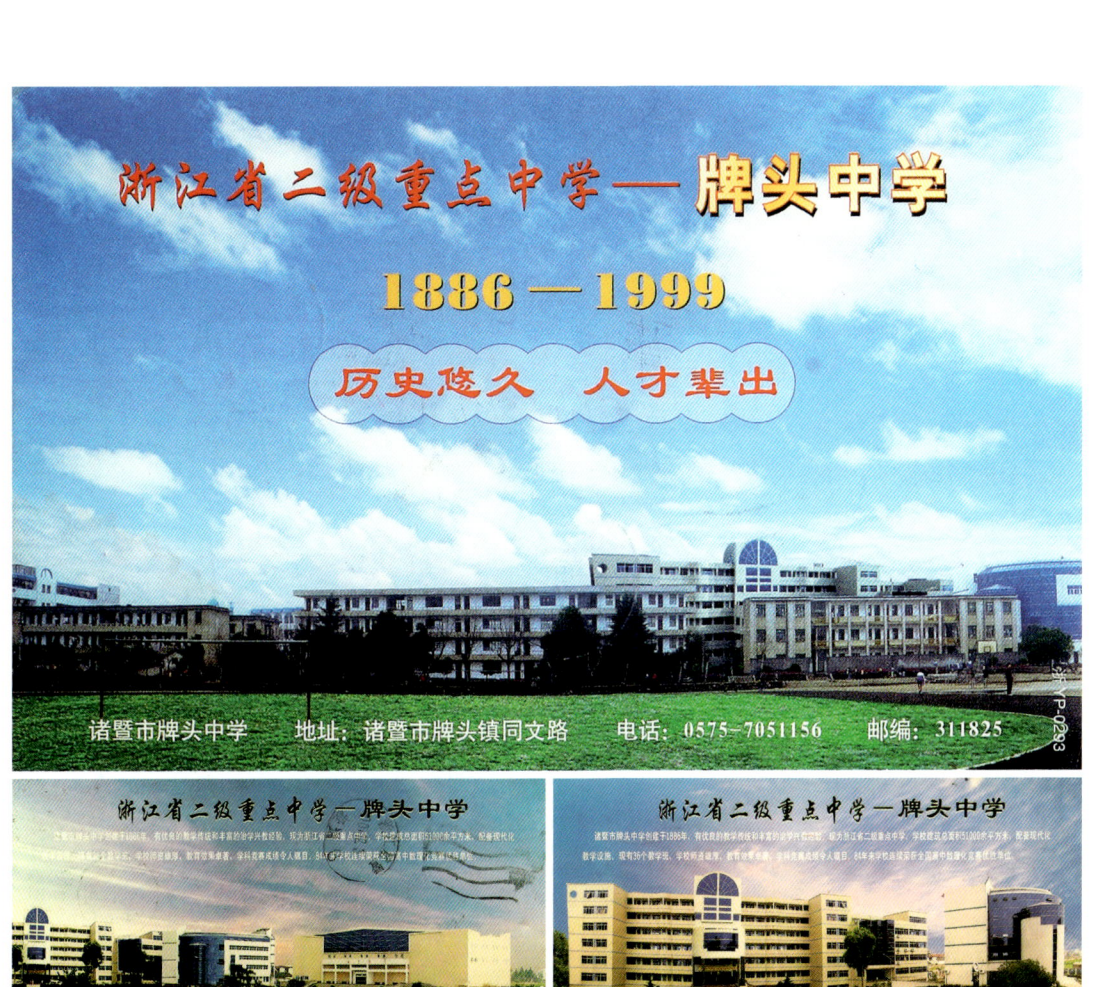

浙江省二级重点中学——牌头中学

1886—1999

历史悠久　人才辈出

诸暨市牌头中学　　地址：诸暨市牌头镇同文路　　电话：0575-7051156　　邮编：311825

1 草塔中学明信片
2 2012年中国邮政明信片·草塔镇中
3 诸暨二中明信片

学校发展的主体
质量提升的主人
文化兴校的主角
镇域一体的主力
HAPPY
NEW
YEAR 2012
贺
年
金龙迎春
农历壬辰年

2

诸暨市第二高级中学
诸暨市第二高级中学，是省级重点中学。
现有72个班级，4000余名学生。软硬件建设一流，教学区各种装备很现代化，科技馆教学设施十分齐全，体艺馆为全市之最，400米塑胶跑道符合国际标准，学生宿舍居住舒适惬意，双层餐厅就餐价廉物美。诸暨二中教学资源十分丰厚，师资队伍堪为精良，教育管理周密严谨，爱心教育渗透每个环节，“以人为本，促进学生可持续发展”的教育理念深入人心。近几年高考成绩出众，上重点高校线已近百人。“学在二中”，已成为社会共识，是莘莘学子的最佳选择。
诸暨二中，培养高素质人才的摇篮。
诸暨二中，教书育人的神圣殿堂。
诸暨市第二高级中学
地址：诸暨市城关东昌路89号　邮编：311800
电话：0575-7224265　传真：0575-7224392
网址：www.zjez.cn
浙江诸暨二中
浙江省二级重点中学
浙江诸暨二中
◆ 浙江省二级重点中学
◆ 浙江省卫生先进单位、治安安全先进单位；绍兴市文明学校、花园式学校。
◆ 连续四年高考应届重点上线超百人，连续两年总上线超1200人，居全市同类学校前茅。
◆ 摘取了2008年高考诸暨市文科状元桂冠
地址：浙江省诸暨市暨阳街道东二路　邮编：311800　电话：0575-87224265　网址：http://www.zjez.cn
浙江诸暨二中
◆ 浙江省二级重点中学
◆ 浙江省卫生先进单位
浙江省治安安全先进单位
浙江省首批示范实验室
◆ 绍兴市文明学校
绍兴市花园式学校
绍兴市绿色学校
◆ 连续四年高考应届重点上线超百人，总上线人数超千人。
◆ 摘取2008年高考诸暨市文科状元桂冠。
◆ 09学年市优质课评比团体优胜奖
科技馆
浙江诸暨二中
体艺馆
教学楼

3

1 浬浦中学明信片

2 浬浦中学明信片

3 诸暨浬浦中学八二届同学会纪念个性化邮票

百年名校 浙江诸暨 浬浦中学
(1826-2005)

明志　崇德　善学　慎行

多又水，芳沁香。
讲究文明沉东搞。
谋进化，开政良，
献给此小长。
勤教少年升学堂，
力求谋进其邑社。
重互助，费自强，
爱国爱家乡。

——1904翔忠学堂校歌

1826—翔志书院　　1946—暨阳中学分部
1904—翔忠学堂　　1956—诸暨四中
1938—利普战时补习中学　1958—浬浦中学
1943—暨阳中学

校长：张春洪
地址：浙江省诸暨市浬浦镇　邮编：311824
电话：0575-7941107　7941899　7942758
E-mail:zjlpzx@mail.sxptt.zj.cn

②

诸暨浬浦中学八二届同学会纪念

怀念曾经同窗的梦想
怀念曾经难忘的岁月

2007.02

③

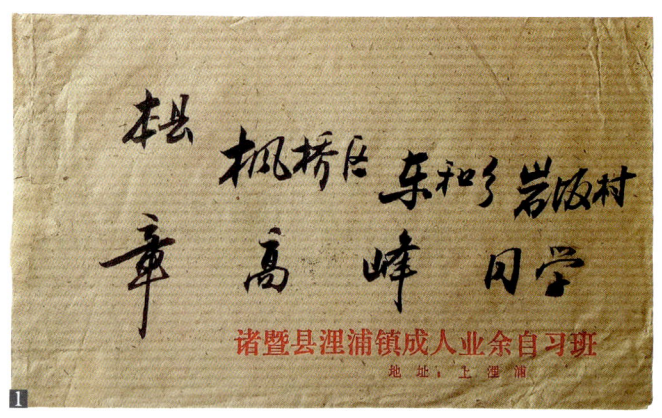

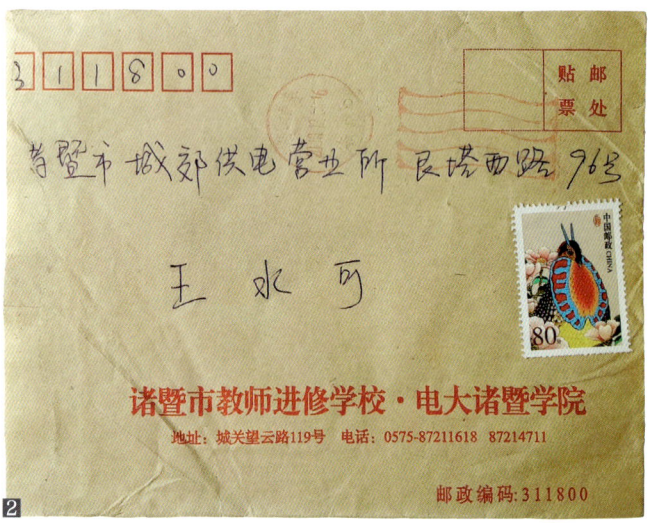

1. 浬浦镇成人业余自习班信封
2. 诸暨市教师进修学校·电大诸暨学院信封
3. 学勉中学明信片

学勉中学
——浙江省重点中学

地址：浙江省诸暨市枫桥镇　　E-mail:xmzx@zjjy.com
电话：0575-7041251　7041259
邮编：311811　　　　　　　　Http://www.xmzx.com

浙江省绍兴国脉广告发布　　2004(1107)—0075(6-1)

诸暨市学勉中学位于浙江省历史文化名镇枫桥镇，已有一百多年办学历史，是浙江省重点中学、浙江省公众形象优秀学校。校园占地面积460多亩，建筑面积10万多平方米，教学设备、生活设施一流。百年名校，积淀了丰富而厚重的文化底蕴，凝结成"爱国爱校、自律自强"的学勉精神，形成了"团结、勤奋、求实、创新"的学勉校风。学校以其雄厚的师资力量，严谨的教风学风，幽雅的育人环境，优异的教育质量而名闻遐迩。

浙江省重点中学——学勉中学

地址：浙江省诸暨市枫桥镇
电话：0575-7041251　7041259
邮编：311811
E-mail:xmzx@zjjy.com
Http://www.xmzx.com

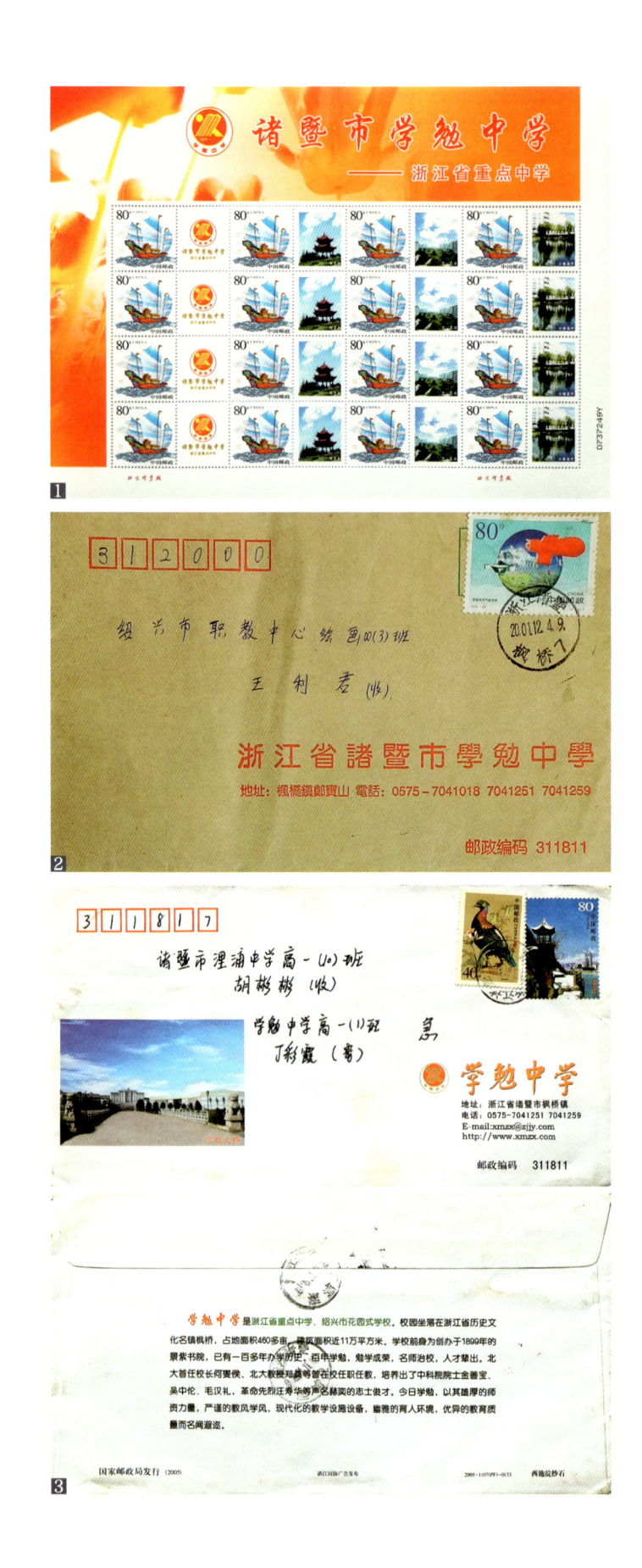

1 诸暨市学勉中学个性化邮票
2 学勉中学信封
3 学勉中学纪念封（正、反面）
4 三都中学明信片
5 诸暨市综合高中明信片
6 诸暨市综合高中个性化邮票
7 诸暨市轻工技术学校明信片

浙江省诸暨市综合高级中学(三都中学)
校长:郦建潮
诸暨市综合高中(三都中学)系市直属的公立普通高中，学校座落在诸暨市城关近郊的三都镇，交通便捷，环境优雅。
该校师资精良，教学设施先进，管理严谨，校风好，学风正，高考升学率高，已赢得社会各界的好评和信赖，现在该校正以勃勃生机与崭新面貌，竭诚欢迎八方学子。
地址:浙江省诸暨市三都镇三中路1号 邮编:311816 电话:0575-7311151 7311316 7316239 7301715 电子信箱:Jiaowei@zhuji
2001(11)-0494

诸暨市轻工技术学校
ZHUJI QINGGONG JISHU SCHOOL
2000(11)-0793
诸暨市轻工技校是“省一级重点职业中学”，“省创安先进单位”。开设：机电技术应用、幼师、彩印技术与包装设计、服装设计、企业管理与市场营销、电子商务、水电安装及“3+2”大学预科班等专业。现正在积极争创国家级重点职业学校。
校长： 校址：诸暨市城关镇十里牌 电话：（0575）7371142 7377797

诸暨市三都中学
——省二级重点中学
浙江国脉发布
电话：0575-87301985(行政办) 87302535(教务处) 87303518(招生办)
地址：浙江省诸暨市陶朱街道青龙路68号 邮编：311816
4

諸暨市輕工技術學校 ZHUJI QINGGONG JISHU SCHOOL
轻工技校
诸暨市轻工技校是“省一级重点职业中学”，“省创安先进单位”。开设：机电技术应用、模具设计与制造、水电设备与安装、幼师、服装设计与制作、企业管理与市场营销、电子商务、保安、餐旅、综合普高班、“3+2”金融、“3+2”电气设备安装大学预科班等专业。现正在积极争创国家级重点职业学校。
校长： 校址：诸暨市城关镇十里牌 电话：（0575）7273112 7272797
2001(11)-0709

诸暨市综合高中 校长：冯永木 书记：潘丹
诸暨市综合高中系市直属普高，浙江省重点综合高中。学校座落在交通便捷，环境优雅的诸暨城西陶朱街道。
学校占地150亩，办公楼、科技楼、教学楼、餐厅等均新建，配套设施齐全，体育馆也正在筹建之中。全校现有学生近2500人。
学校创办以来，推行“二次分流，多向成才”的全新教育模式，学生能因材择学，充分发展自我，学校师资精良，校风蔚然，良好的教育质量和严格科学的管理，己赢得社会广泛承认和信赖，近年来学校整体升学率均在90%以上。
地址：诸暨市城西陶朱街道（原三都镇） 邮编：311816
网址：http://www.zjzhgz.com 电话:(0575)7316239 7311151
2005
浙江省绍兴国脉广告发布 2004(1107)-0087
5

諸暨市綜合高中
——省二级重点综合高中

诸暨市轻工技术学校
ZHUJI QINGGONG JISHU SCHOOL
轻工技校
浙江南天广告公司发布 2003(1103)-0041
诸暨市轻工技校是“省一级重点职业中学”、“省创安先进单位”。开设：机电技术应用、数控技术应用、路桥工程机械、幼师、服装设计与制作、企业管理与市场营销、通信技术、武术保安与消防、综合改革实验班、“3+2”金融、“3+2”计算机信息管理等专业，学生就业率达98%以上。2003年10月已接受省专家组对我校争创国家级重点中等职校的督导评估。
校长：郭丽萍 校址：诸暨市浣东街道十里牌 电话：（0575）7273112 7272797
6

首批国家级重点中等职业学校
省机电、数控人才培养示范基地
武汉大学、中国人大网络教育绍兴学习中心
诸暨市轻工技术学校
校长：楼铭良 地址：浣东街道暨东路98号 电话：0575-87276766 87273112
主要开设专业：数控技术应用、机电技术应用、财会电算化、3+2金融管理与实务、3+2数控技术应用、计算机信息管理、高职预科班（机械、电子、财会）等。
7

1 诸暨各类技校明信片
2 浙江省诸暨技校个性化邮票
3 浙江省诸暨技校信封（正、反面）

浙江省诸暨技校

诸暨技校

省重点技工学校诸暨技校创建于1979年，系诸暨唯一的技校，为社会培养中等专业技术人才。

开设机电、汽修、劳保管理、计算机、服装、旅游、烹饪、涉外经济、财会、建筑、幼师和艺术教育(书法、音乐、美术)等十二个专业。机电专业为强项特色专业。

"因为有你而精彩！"

校训：誠信　技能　協作　創造
教風：精業樂業　學風：會學樂學
校風：學習著是快樂的　工作著是美麗的　生活著是幸福的

国家邮政局发行 (2001)　　　浙江南天广告发布　　　2003-1003PF(-002)　　芙蓉花

1 绍兴市农业学校明信片
2 诸暨市中等专业学校明信片
3 诸暨市实验职中明信片
4 诸暨市中等专业学校明信片

诸暨市实验职中

Http://www.zjsyzz.com

国家级重点职业学校、浙江省文明学校——诸暨市实验职中,是诸暨市职业技术教育中心,校园占地面积165亩,建筑面积3万余平方米,在校生达2000余名。主要开设普高班、"3+2"大专教育班及电子电工、机电一体化、计算机应用、财会、烹饪、导游、服装、建筑、艺术类等专业。

电话: 0575-7272277 7271137 7271877   校长、书记: 郭赤峰   邮编: 311800

诸暨市实验职中

Http://www.zjsyzz.com

国家级重点职业学校、浙江省文明学校——诸暨市实验职中,是诸暨市职业技术教育中心,校园占地面积165亩,建筑面积3万余平方米,在校生达2000余名。主要开设普高班、"3+2"大专教育班及电子电工、机电一体化、计算机应用、财会、烹饪、导游、服装、建筑、艺术类等专业。

电话: 0575-7272277 7271137 7271877   校长、书记: 郭赤峰   邮编: 311800

诸暨市中等专业学校

地址: 浙江省诸暨市城关镇东一路59号   电话: 0575-7222700   7223506

浙江省诸暨市中等专业学校是一所面向全省招生的全日制普通中专。校园环境优美,教学设备先进,生活设施齐全。开设工业与民用建筑、工业设备安装、市政施工与监理、房地产与物业管理、室内装饰设计、工艺美术、文秘、保险、财会(电算化)、经贸外语、汽车维修与驾驶、计算机、消防等专业,毕业生德才兼备,深受用人单位欢迎。

诸暨市中等专业学校

地址: 浙江省诸暨市城关镇东一路59号   电话: 0575-7222700   7223506

浙江省诸暨市中等专业学校是一所面向全省招生的全日制普通中专。校园环境优美,教学设备先进,生活设施齐全。开设工业与民用建筑、工业设备安装、市政施工与监理、房地产与物业管理、室内装饰设计、工艺美术、文秘、保险、财会(电算化)、经贸外语、汽车维修与驾驶、计算机、消防等专业,毕业生德才兼备,深受用人单位欢迎。

1. 2005年浙江省诸暨市中等专业学校建校20周年纪念封
2. 诸暨中专《辉煌，时代的见证》个性化邮票
3. 诸暨市海亮私立高中明信片
4. 诸暨市海亮教育集团明信片
5. 诸暨市天马实验学校明信片

浙江诸暨天马实验学校

高中部

董事长：陈洪明
校　长：黄鑫尧
校　址：浙江省诸暨市暨阳街道
电　话：0575-7211211　7213018
网　址：www.zjtmschool.com

2001(11)-0753

浙江诸暨天马实验学校

小学部

董事长：陈洪明
校　长：黄鑫尧
校　址：浙江省诸暨市暨阳街道
电　话：0575-7211211　7213018
网　址：www.zjtmschool.com

2001(11)-0753

浙江诸暨天马实验学校

美丽的校园

董事长：陈洪明
校　长：黄鑫尧
校　址：浙江省诸暨市暨阳街道
电　话：0575-7211211　7213018
网　址：www.zjtmschool.com

2001(11)-0753

浙江诸暨天马实验学校

初中部

董事长：陈洪明
校　长：黄鑫尧
校　址：浙江省诸暨市暨阳街道
电　话：0575-7211211　7213018
网　址：www.zjtmschool.com

2001(11)-0753

浙江诸暨天马实验学校

幼儿园

董事长：陈洪明
校　长：黄鑫尧
校　址：浙江省诸暨市暨阳街道
电　话：0575-7211211　7213018
网　址：www.zjtmschool.com

⑤　2001(11)-0753

1 诸暨市海亮外国语学校明信片
2 诸暨市天马实验学校明信片
3 诸暨市天马实验学校明信片
4 诸暨市天马实验学校信封
5 诸暨市山下湖镇初中信封
6 诸暨市天马实验学校明信片

浙江诸暨天马實驗學校
ZHUJI HEAVENLY STEED PILOT SCHOOL, ZHEJIANG
高中
【浙江省重点中学】
读天马书 行万里路
学校地址:诸暨市暨阳街道 / 成才热线:0575-87211211 87211188 / 网址地址:www.zjtmschool.com
浙江国脉发布 12-330600-13-1479-000

浙江诸暨天马實驗學校
ZHUJI HEAVENLY STEED PILOT SCHOOL, ZHEJIANG
初中
【浙江省示范初中】
读天马书 行万里路
学校地址:诸暨市暨阳街道 / 成才热线:0575-87211211 87211188 / 网址地址:www.zjtmschool.com
浙江国脉发布 12-330600-13-1478-001

浙江诸暨天马實驗學校
ZHUJI HEAVENLY STEED PILOT SCHOOL, ZHEJIANG
小学
【浙江省示范小学】
读天马书 行万里路
学校地址:诸暨市暨阳街道 / 成才热线:0575-87211211 87211188 / 网址地址:www.zjtmschool.com
6
浙江国脉发布 12-330600-13-1478-002

1 诸暨荣怀学校明信片
2 诸暨荣怀学校信封
3 2010年诸暨市城西小学贺岁明信片

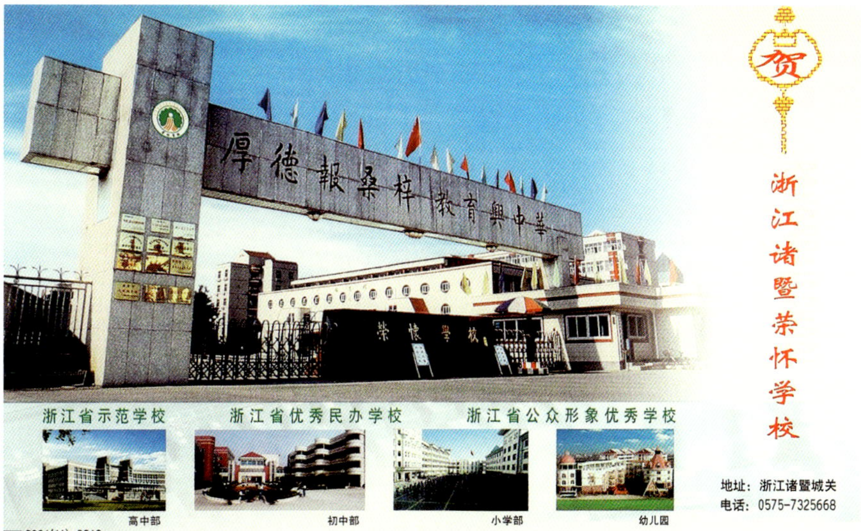

1 2001(11)-0612

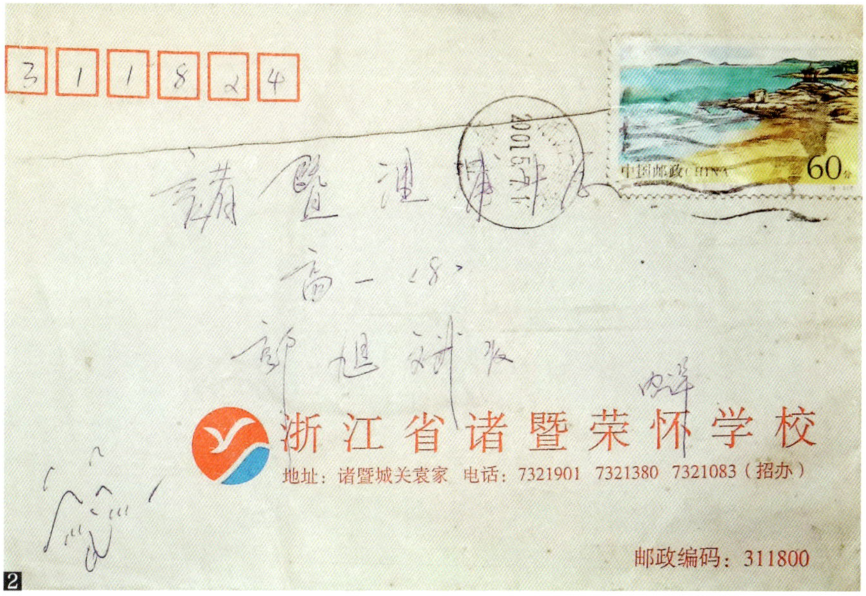

2

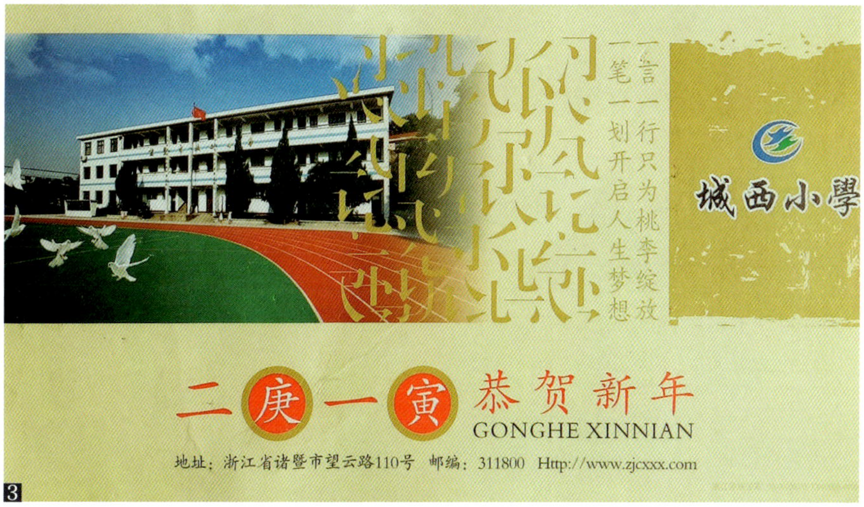

3

1 浣江初中明信片
2 浣江初中明信片

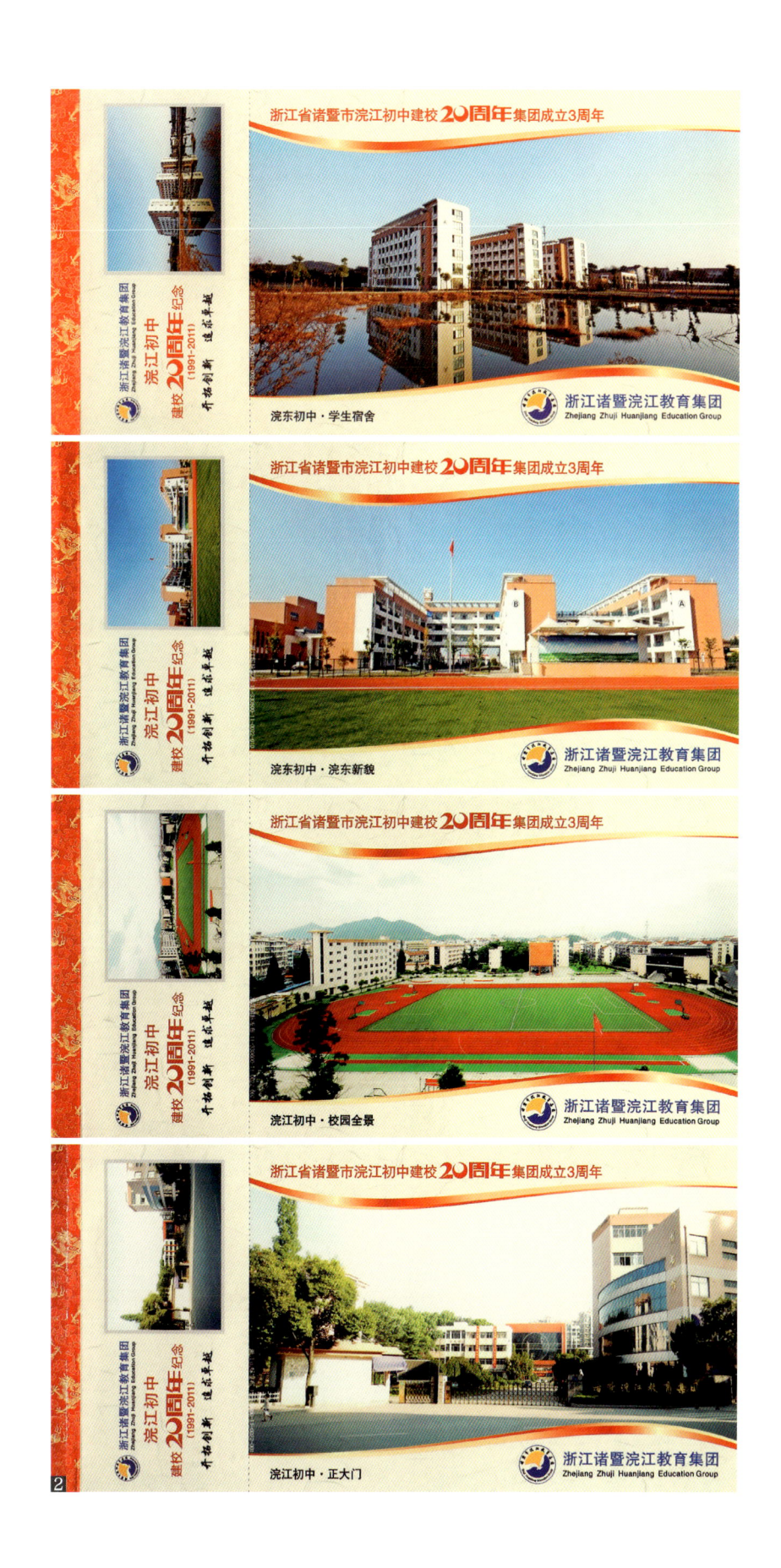

浙江省诸暨市浣江初中建校20周年 集团成立3周年

浣东初中·学生宿舍

浣东初中·浣东新貌

浣江初中·校园全景

浣江初中·正大门

1. 诸暨市浣江初级中学建校二十周年暨浣江教育集团成立三周年纪念个性化邮票
2. 诸暨市浣江小学明信片
3. 诸暨市城关中学明信片
4. 诸暨市滨江中学明信片
5. 诸暨市赵家镇中明信片
6. 诸暨市秀松中学明信片
7. 诸暨市滨江中学明信片
8. 诸暨市大唐镇中心学校明信片
9. 诸暨市店口一中明信片
10. 诸暨市店口镇第一、第二中心幼儿园明信片
11. 诸暨市店口二中明信片
12. 诸暨市店口镇第二小学明信片
13. 诸暨市东白湖镇初级中学明信片
14. 诸暨市斯民小学明信片

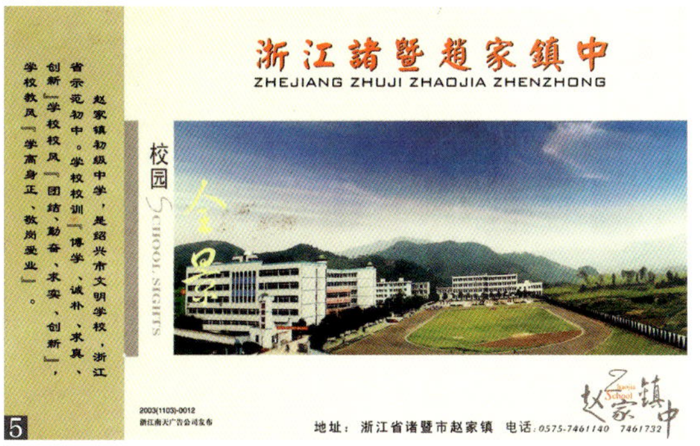

5

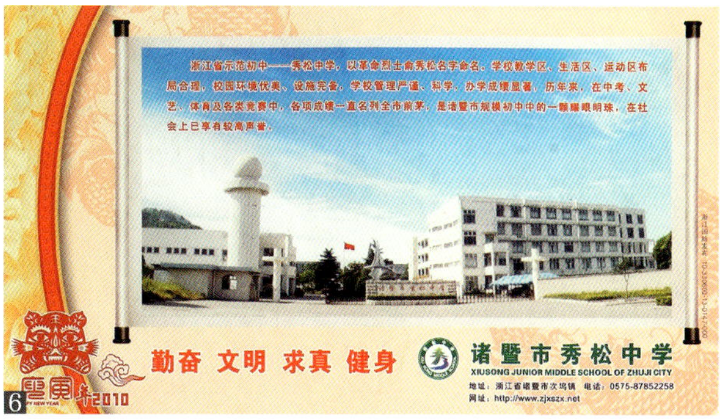

6

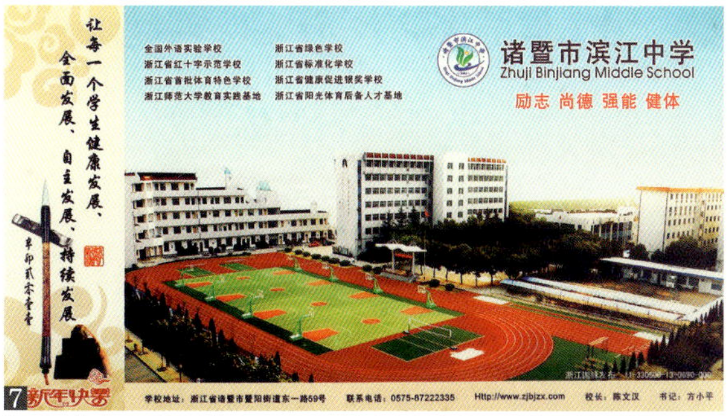

7

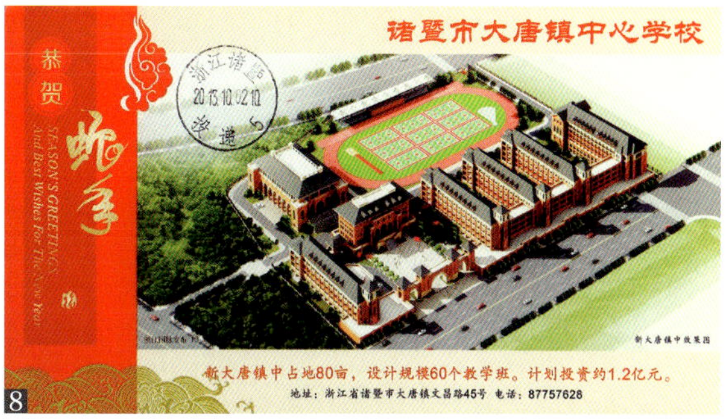

8

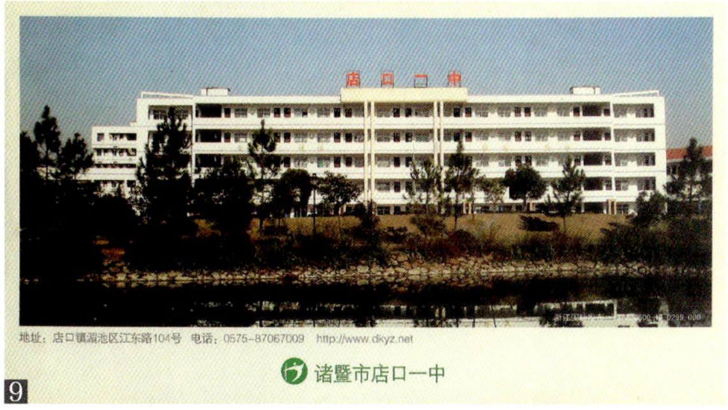

9

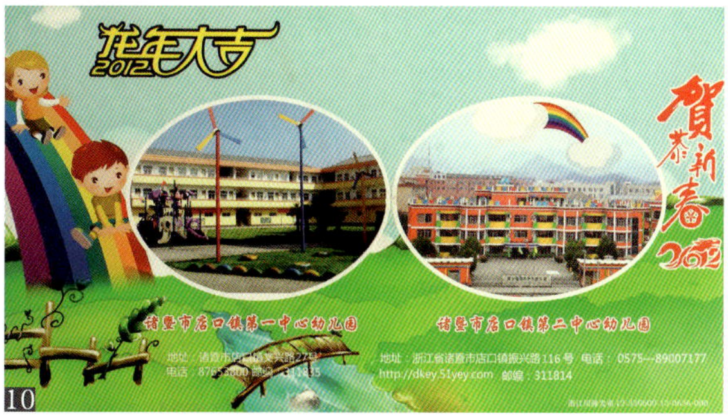

10

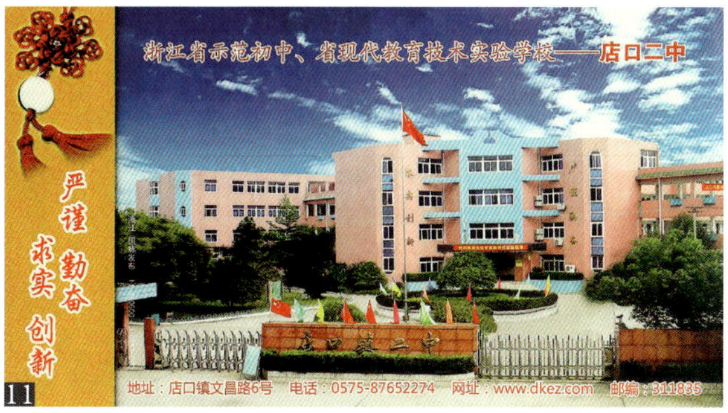

11

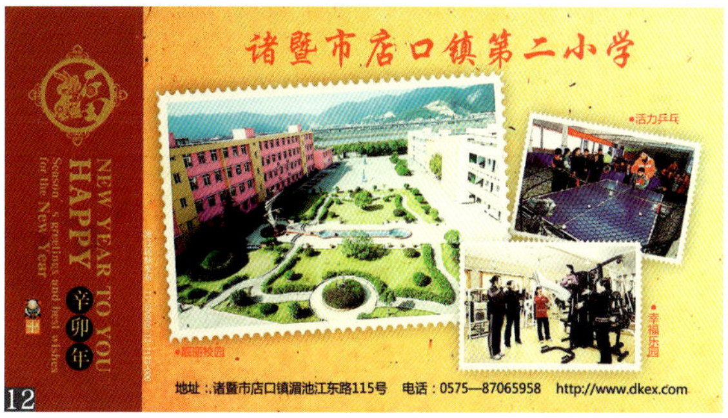

12

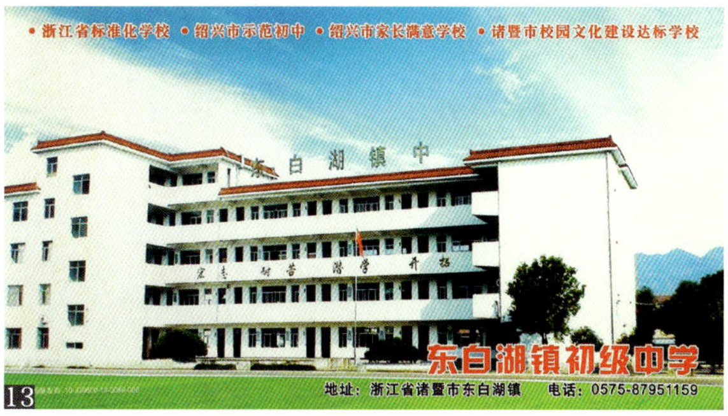

13

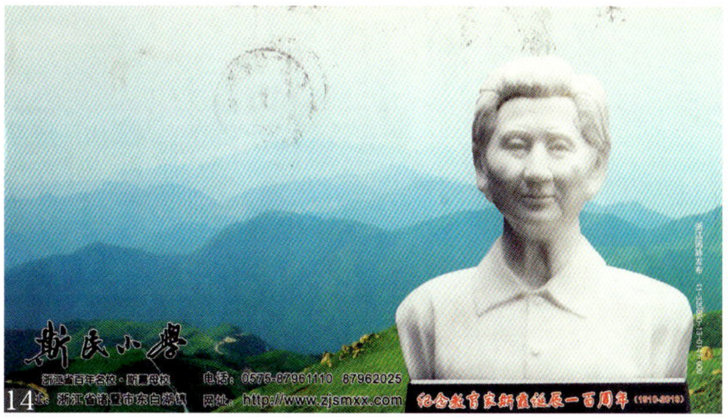

14

1 诸暨市枫桥镇中明信片
2 诸暨市应店街镇中心学校明信片
3 诸暨市应店街镇中心学校明信片
4 诸暨市江藻镇中心学校明信片
5 诸暨市陶朱小学明信片
6 诸暨市阮市镇中心学校明信片
7 诸暨市陶朱小学明信片
8 诸暨市湄池中学明信片
9 诸暨市三都小学明信片
10 诸暨市山下湖镇中心学校明信片

诸暨市江藻镇中心学校
地址：浙江省诸暨市江藻镇 电话：0575-87671131 87673529 网址：www.zjjyjz.cn
江藻镇小
山后完小
江藻镇中心幼儿园
江藻镇中心学校：下辖初中1所，小学3所，镇中心幼儿园1所、中心村幼儿园3所，镇成人文化技术学校1所，全镇现有教职工169名，学生2500余人。近年来，办学质量不断攀升，连续三年中考名列诸暨市第四名、乡镇学校第一名。江藻镇中为省农村示范初中、省标准化Ⅰ类学校；江藻镇小为省标准化Ⅱ类学校、浙江省艺术特色学校；墨城完小为浙江省示范小学、浙江省标准化学校；山后完小为浙江省标准化学校、绍兴市完小办学条件达标学校；镇中心幼儿园为浙江省二级幼儿园、绍兴市标准化幼儿园。我们将不断的努力，开拓江藻教育崭新的明天！
12-330600-13-1089-000
4

2010
陶朱小学欢迎您！
地址：浙江省诸暨市城西开发区祥云路 电话：0575-87105388
5

阮市镇中心学校
新年快乐 万事如意
HAPPY NEW YEAR
Season greetings and best wishes
for a happy new year
賀新春
6

陶朱小学
和合 努力 悦纳 共生
地址：浙江省诸暨市城西开发区祥云路 电话：0575-87105388 邮编：311800
7

龙年吉祥
2012
农历壬辰年
新恭
禧贺
HAPPY NEW YEAR
状元湾
浙江省重点中学 · 诸暨市湄池中学
——著名科学家俞鸿儒博士母校
现在做好身边的小事 将来做好国家的大事
地址：浙江省诸暨市店口镇 电话：0575-87061573 87065666 网址：www.zjmczx.com
8

十年树木 百年树人
贺岁
2012 Happy New Year
诸暨三都小学
ZHUJI SANDU PRIMARY SCHOOL
砺志 明德
求趣 尚美
地址：诸暨市陶朱街道 邮编：311816 电话：0575-87311415 87311660
9

賀新春
山下湖镇中心学校
电话：0575-87683128
山下湖镇中心学校下辖初中1所；小学3所；镇中心幼儿园1所、中心村幼儿园3所，镇成人文化技术学校1所，全镇现有教职工199名，学生3000余人。近年来，办学质量逐年提升，每年都吸引大量外来学子来我镇就读。山下湖镇中为浙江省示范初中、省标准化Ⅱ类学校；山下湖镇小为省标准化Ⅰ类学校、绍兴市文明学校、绍兴市示范学校、绍兴市示范家长学校；大宣完小为浙江省农村示范小学、省标准化Ⅱ类学校；詹家岭完小为省标准化Ⅱ类学校；镇中心幼儿园为省二级幼儿园、绍兴市乡镇示范幼儿园；镇成人文化技术学校为省一级成校。
我们将朝着“建一流农村学校，办人民满意教育”的目标扎实奋进，共创珠乡教育美好明天！
浙江国脉发布 11-330600-13-0677-000
10

1. 诸暨市湄池中学邮签封
2. 诸暨卫生学校信封
3. 诸暨县璜山中学信封
4. 诸暨市浣纱幼儿园信封
5. 诸暨市红门中学信封
6. 诸暨市职教中心信封

浣江小学 校长（收）

印刷品

诸暨市浣纱幼儿园
地址：城关镇南库路　电话：0575-7115600

邮政编码：311800

---

3 1 1

牌头中学高一8班

邓平 同学 收

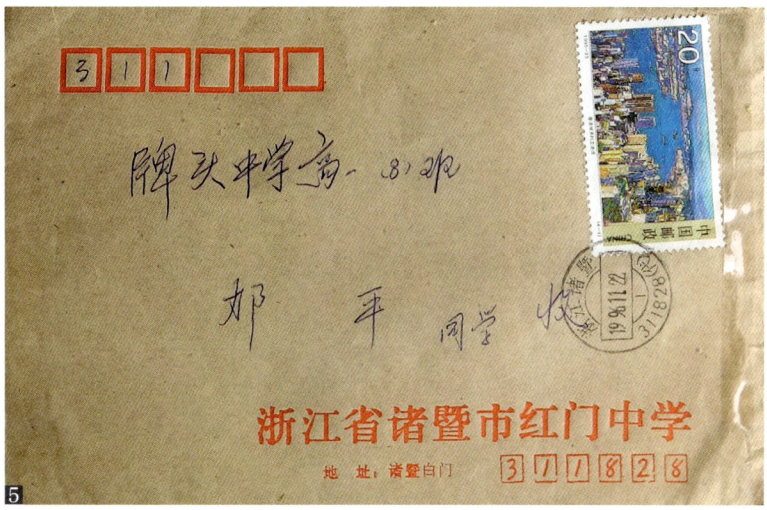

浙江省诸暨市红门中学
地　址：诸暨白门　[3][1][1][8][2][8]

---

3 1 1 8 5

次坞镇 珊堂

蒋梦龙转蒋家收

浙江省诸暨市职教中心
绍兴农校、诸暨中专
地址：诸暨市暨阳街道北二环线　电话：0575-87399789　87399700
网址：http://www.zjvec.cn

邮政编码：311800

1. 中国袜业之乡明信片
2. 诸暨市维尔大酒店早餐券明信片
3. 诸暨市浙江李字实业集团有奖明信片
4. 诸暨市红十字医院明信片
5. 诸暨市供电局、八方建设集团明信片
6. 诸暨市鹏程电器新世界明信片
7. 诸暨市诸暨电信局明信片
8. 诸暨市第二人民医院明信片
9. 诸暨市第三人民医院明信片

诸暨市第三人民医院

诸暨市第三人民医院是一家综合性的市级医院，国家二级医院。现有职工220人，开放床位150张。设两个门诊部，5个病区，25个科室，15个专科门诊。拥有美国产彩超、进口500MA数字X光机、电子胃镜、电子肠镜、全自动生化分析仪、纽邦呼吸机等先进设备。住院大楼内设中心吸引、中心供氧、中央传呼，开设高级病房。与解放军117医院联合开设的骨伤专科已享有较高声誉。

医院本着营造"百姓医院"的服务宗旨，竭诚为病人服务，取得了良好的社会效益。被评为国家级"爱婴医院"，绍兴市级文明单位、绍兴市安全医疗先进单位、职业道德建设先进集体。

2002(1103)-0001

地址：牌头镇光明路12号　　电话：7051290（院办）　　7051193（总机）

1 诸暨市第二人民医院信封
2 诸暨市信用联社有奖明信片
3 诸暨市第三人民医院新大楼落成个性化邮票
4 诸暨市供电局明信片
5 诸暨市广播电视台明信片
6 诸暨市水务集团明信片
7 诸暨市雄风集团明信片
8 诸暨市正大汽车有限公司明信片

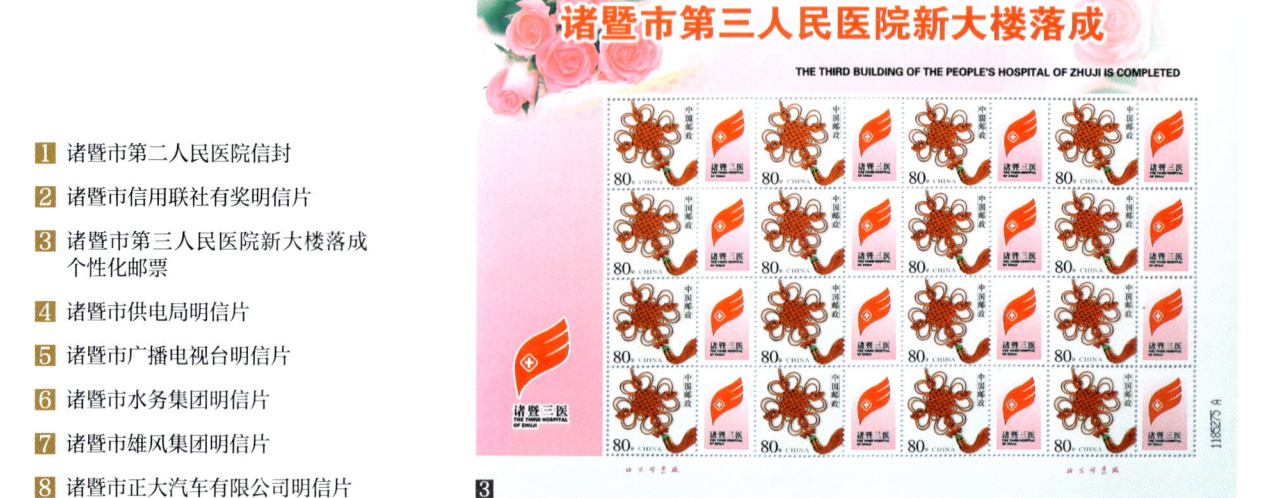

诸暨市供电局

诸暨市供电局是浙江省电力公司直属企业，担负着全市28个镇乡、街道办事处的41万客户的供用电任务。

全市现有35千伏及以上变电所共29座，其中500千伏变电所1座、220千伏变电所3座、110千伏变电所9座、35千伏变电所16座。自1999年起至2002年，先后完成总投资2.996亿元的农村电网建设与改造工程，实现城乡同网同价，一张先进的国内领电网的综合自动化电网络，为西施故里的社会进步和经济发展提供了强劲动力。

2002年被国网公司授予"一流县级供电企业"，并连续三年被浙江省委、省政府授予"省级文明单位"称号。

95598 电力服务到万家

500千伏诸暨变电所

④

诸暨市广播电视台

诸暨是首批全国广播电视先进县（市）、浙江省广电系统先进集体。诸暨广播电视台坚持与时俱进，全面协调推进广电业的发展。广播电视成为诸暨百万人民了解国内外信息的主要渠道之一。舆论宣传成果斐然。广播剧《草鞋县长》、《俞秀松》，电视理论片《世纪之光》先后获浙江省"五个一"工程奖。事业建设在全县（市）中率先实现了广播电视光缆联网、有线电视村村通、调频广播村村响；有线数字电视即将在全市开通。诸暨广电像一朵绚丽的轩辕花盛开在中国广电的百花园中。

⑤

诸暨市水务集团

诸暨市水务集团是市政府直属的国有独资公司，主要负责市域供水和污水处理的建设、管理、运行。到目前为止，供水主管网已达390多公里，供水面积46平方公里，供水受益人口40万，城市污水主管网达122公里，污水提升泵站7座，日处理污水能力4万吨。

诸暨市水务集团现下设一个中心六个公司：
诸暨市水务集团服务中心
诸暨市暨阳制水有限公司
诸暨市自来水有限公司
诸暨市水业建设工程有限公司
诸暨市水业经营发展有限公司
诸暨市污水处理有限公司
诸暨市水业房地产开发有限公司

一点一滴 尽心尽力

浙江省诸暨市水务集团有限公司

⑥

雄风集团 XIONGFENG GROUP

- 雄风家电出发
- 雄风电器连锁
- 雄风百货广场

⑦

诸暨市正大汽车有限公司

正大汽车有限公司是成立于2001年的集销售、维修、汽车装潢于一体的综合性公司，现有环城西路金村综合楼基地、正大汽车诸三路分公司、正大汽车嵊州分公司、正大汽车修理厂等部门。公司立足于农村市场，是重庆长安、山东黑豹的绍兴地区总经销商。全体员工奉行："正大汽车、人诚品正"的经营理念，努力满足客户需求，全方位为客户服务。总经理陈伟新携全体员工热忱欢迎广大顾客惠顾指导。

诸暨市正大汽车有限公司

⑧

1. 中国农业银行诸暨市支行新大楼落成纪念信封
2. 中国农业银行诸暨市支行新大楼落成纪念个性化邮票
3. 黄婆桥蔡氏庄园信封
4. 水立方国际公馆信封
5. 2008年诸暨市广播电视台贺年明信片
6. 诸暨市供电局明信片
7. 2010年晶生有约贺岁明信片
8. 诸暨市黄婆桥蔡氏庄园明信片
9. 诸暨市浣东街道——东兴村村邮站明信片
10. 诸暨市金夫人婚纱摄影明信片
11. 诸暨市培苗·装饰城明信片

Happy new year!
贺年
2008
农历戊子【鼠】年
Best Wishes for the New Year
诸暨市广播电视台
全力打造
和谐团队　一流广电
地址：浙江省诸暨市江东路39号

5

用电客户须知
1、如在通知停电的时间内，因故不进行检修，或检修提前完毕，都将随时恢复供电，不再另行通知，你单位如有设备配合检修，应按线路带电处理。
2、你单位若为自备发电机或双路电源客户，必须严格做好防止备用电源向电网倒送的安全措施，防止检修人员触电事故的发生。
国家电网
STATE GRID
绍兴诸暨市供电局

6

晶生有约
JING SHENG YOU YUE
谨贺新年
2010庚寅年
Happy New Year
测五行　配水晶
地址：诸暨市江东路23-7号　电话：0575-87990783　http: //www.xgjsyy.com

7

黄婆桥蔡氏庄园
有效期至2011年3月30日止
凭此卡消费享受8.5折
订餐热线：0575-87359688　13588558222　地址：浙江省诸暨市浣东街道黄婆桥村（诸永高速诸暨东出口向东200米右转）
黄婆桥蔡氏庄园地处诸暨市浣东街道黄婆桥村，离绍大公路、诸永高速—诸暨东出口3.5公里，本庄园是绍兴市首家避暑山庄，占地1000余亩，拥有各类特色包厢35只，有大小会议室及可供500余人同时就餐的婚宴大厅。在这里你可以采摘四季水果，有棋牌、健身中心、KTV包厢、垂钓、骑马、每逢节假日可观赏斗兽表演，并品尝原汁原味的农家饭菜。这里是您乡村旅游、观光、休闲、度假、会务、疗养的最
选择。
浙江国脉发布　11-330600-13-0821-000

8

中国邮政
CHINA POST
浙江村邮
浣东街道—东兴村村邮站
您家门口的便民服务中心
联系电话：0575-87350390
邮政服务站
便民服务项目
充值业务：电信、移动、联通手机充值
缴费业务：缴电费、电话费、有线电视费
票务业务：代订航空机票、长途客运车票
银行卡助农取款服务
信件业务：收寄国内平信、国际平信
报刊业务：收订邮发报纸期刊
物品业务：出售邮票、信封、明信片

9

全球
1300000
对新人的选择
拍婚纱照到金夫人
2006年11月30日评估
"金夫人"品牌价值：40381万元 "金夫人"商标权价值：15717万元
金夫人婚纱摄影
Golden Ladies Wedding photographic Co.,Ltd
金夫人诸暨店　热线：0575-88798111　88798999　地址：诸暨环城东路耀江开元名都大酒店西座一楼(客运中心对面)　www.zjjfr.com

10

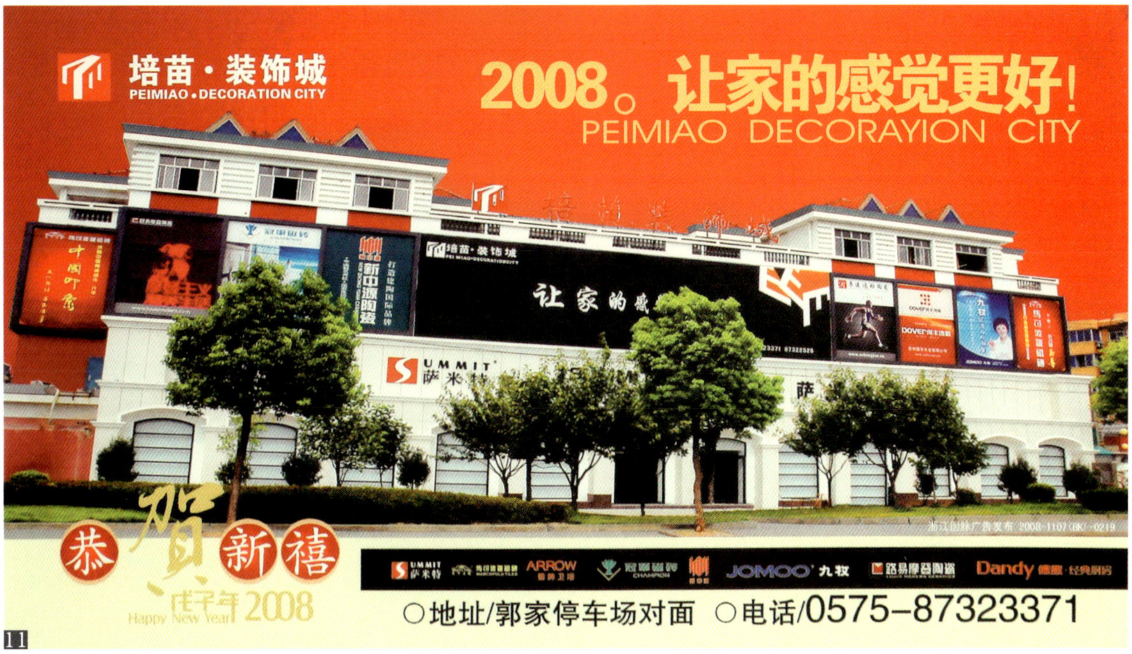
培苗·装饰城
PEIMIAO·DECORATION CITY
2008。让家的感觉更好！
PEIMIAO DECORAYION CITY
恭贺新禧
戊子年2008
Happy New Year
SUMMIT 萨米特
ARROW
JOMOO 九牧
Dandy
○地址/郭家停车场对面　○电话/0575-87323371

11

1 中国电信个性化邮票
2 五峰电容器有限公司个性化邮票
3 山下湖珍珠企业个性化邮票（一）
4 山下湖珍珠企业个性化邮票（二）
5 富润控股集团个性化邮票
6 浙江海越股份有限公司个性化邮票

山下湖珍珠企业

山下湖珍珠企业

富润控股集团

联通古越 纵横四海

1 浙江盛名机电制造有限公司个性化邮票
2 辉煌二十年·浙江省诸暨市工业设备安装公司
  个性化邮票
3 辉煌二十年·浙江省诸暨市工业设备安装公司
  个性化邮票
4 各类个性化邮票

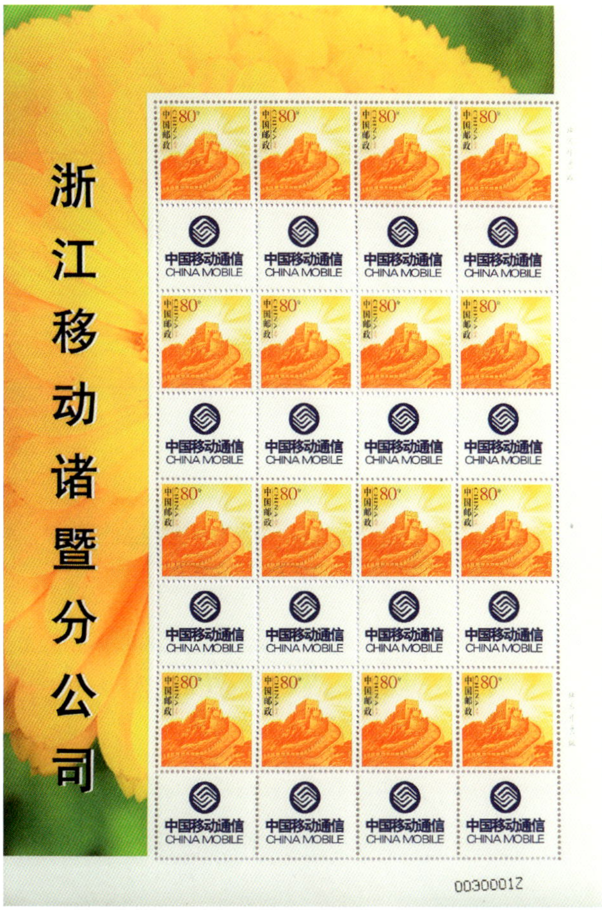
浙江移动诸暨分公司
中国移动通信
CHINA MOBILE
中国邮政

浙江耀江建设集团
YAOJIANG

海亮集团有限公司
HAILIANG

祥生实业集团有限公司

诸暨市建筑工程质量监督站成立二十周年
百年大计 质量第一

辉煌二十年
浙江省诸暨市工业设备安装公司

诸暨市正大汽车有限公司
ZHUJI CITY ZHENGDA AUTOMOBILE CO., LTD.

恭贺新禧
再创佳绩
开拓创新
建筑之乡
西施故里

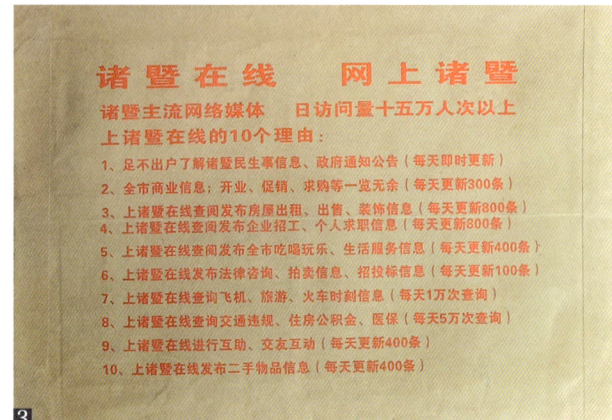

1 国营诸暨针织厂信封
2 中日合资旦旦有限公司信封
3 诸暨在线信封（正、反面）
4 诸暨各类公司，机构信封

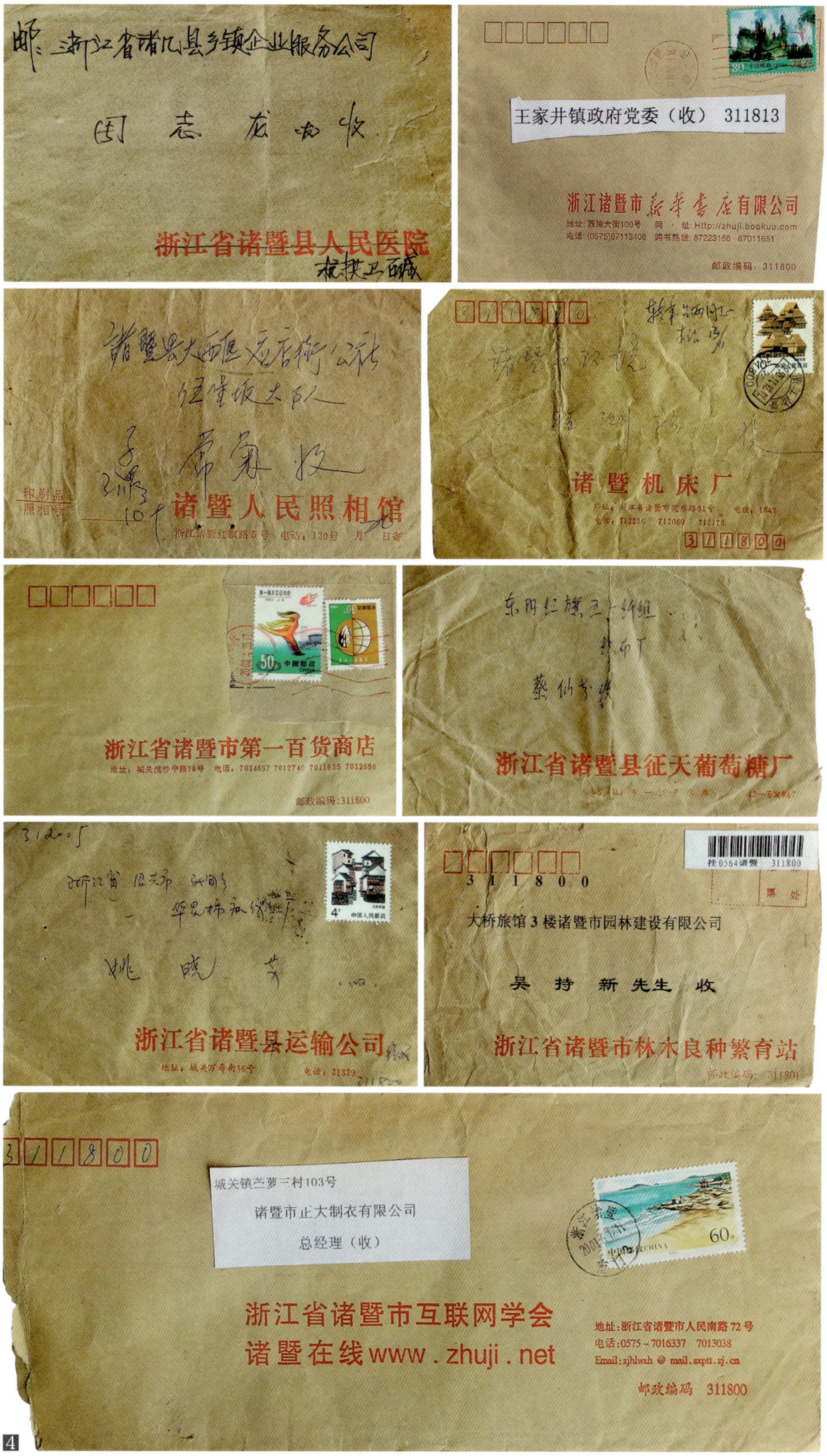
浙江省诸暨县人民医院
王家井镇政府党委（收） 311813
浙江诸暨市新华书店有限公司
邮政编码：311800
诸暨人民照相馆
诸暨机床厂
311800
浙江省诸暨市第一百货商店
邮政编码:311800
浙江省诸暨县征天葡萄糖厂
浙江省诸暨县运输公司
311800
大桥旅馆3楼诸暨市园林建设有限公司
吴持新先生收
浙江省诸暨市林木良种繁育站
311800
城关镇苎萝三村103号
诸暨市止大制衣有限公司
总经理（收）
浙江省诸暨市互联网学会
诸暨在线 www.zhuji.net
地址:浙江省诸暨市人民南路72号
电话:0575-7016337 7013038
邮政编码 311800
4

1 五泄飞瀑·浙江风光旅游纪念封
2 西施故里风光系列邮资明信片本册
3 2001 五泄风光贺年明信片（一组 6 张）
4 2002 诸暨风景贺年明信片（一组 6 张）

191

1-2 西施故里风光系列邮资明信片本册

白塔湖风光 White Tower Lake Scenes

五泄风光 Five-Waterfalls Scenes

五泄飞瀑 Five-Waterfalls

西施浣纱石 Xi Shi Washing Clothes Stone

西施故里 Xi Shi's Hometown

古越台 Ancient Yue Platform

西施殿 Xi Shi Temple

1 2003年中国邮政明信片（一组5张）

2 2004年中国邮政明信片（一组5张）

1 诸暨古韵贺岁明信片
2 东白湖生态旅游区明信片
3 2004 年西施故里明信片
4 2007 年中国邮政明信片（一组 3 张）

延伸阅读：东白湖

　　东白湖是浙江省绍兴市域范围内最大的生态型湖泊，控制流域面积为187平方千米。湖区环境优美，四周被密林覆盖，烟雾缭绕，青峰耸立。湖区的林木苍翠，生态环境优良。湖区深幽曲折，半岛星罗棋布，且大多三面环水，形态俱佳。湖湾清水和浅滩相拥，古木与花草相连，野鸭和白鹭相伴，鸟语花香，空气清新怡人，形成了自然的诗意空间。

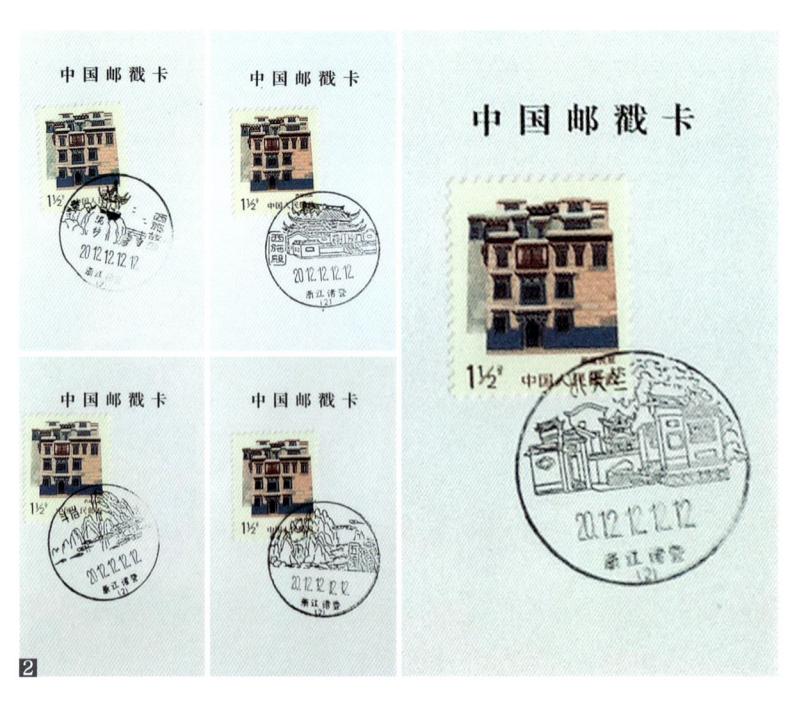

1 西施故里景区邮戳卡
2 诸暨风景区邮戳卡

198

3 诸暨风景区邮戳卡

3

199

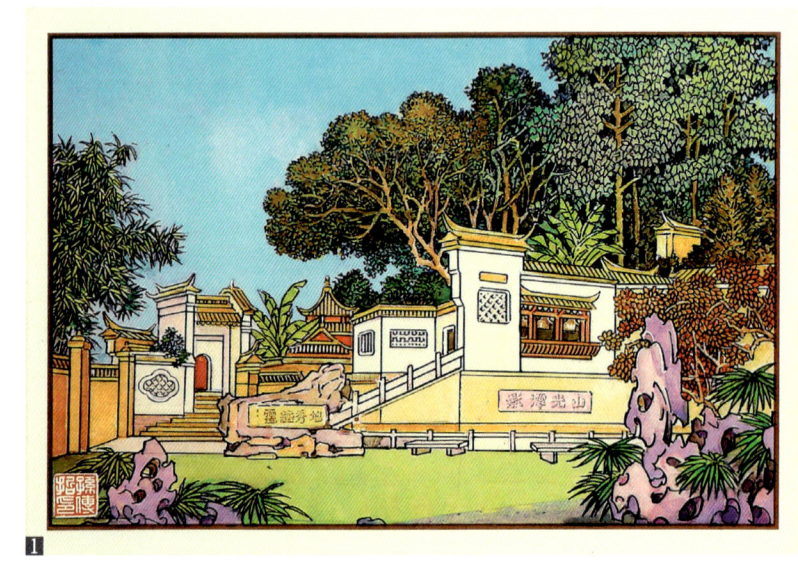

1 手绘诸暨明信片（一组10张）

201

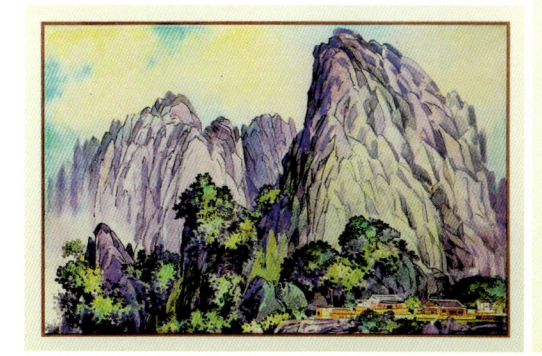

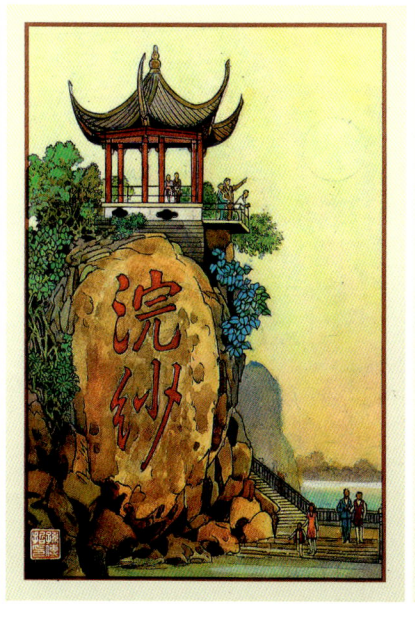

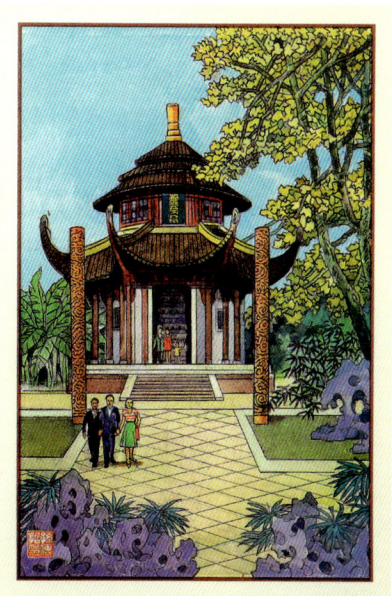

1 西施神梦系列明信片

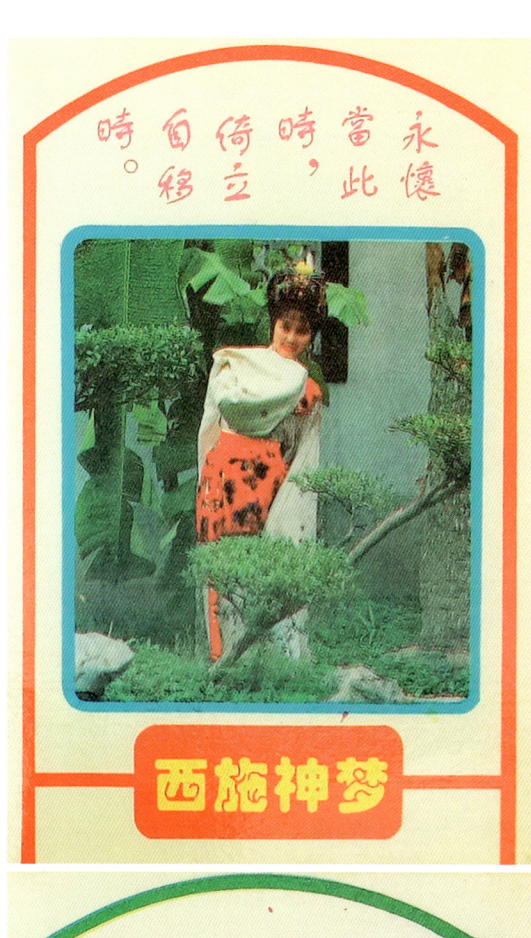

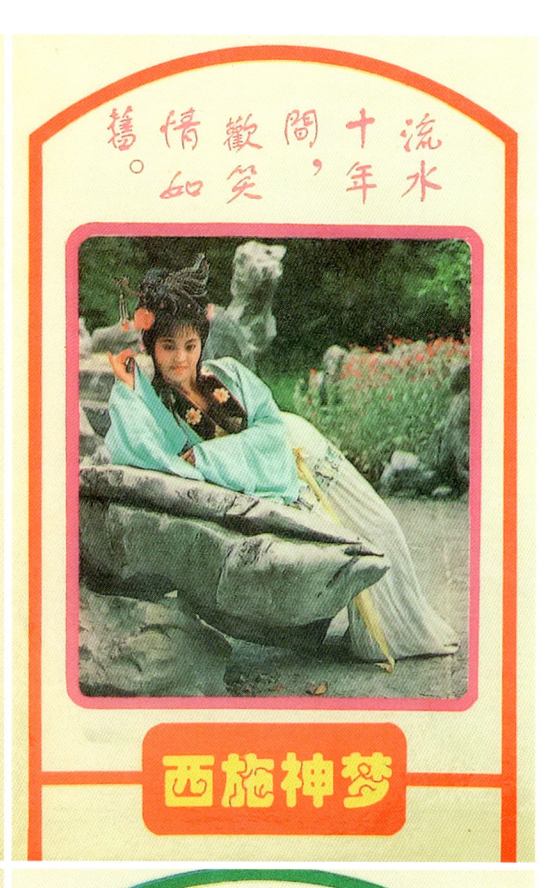

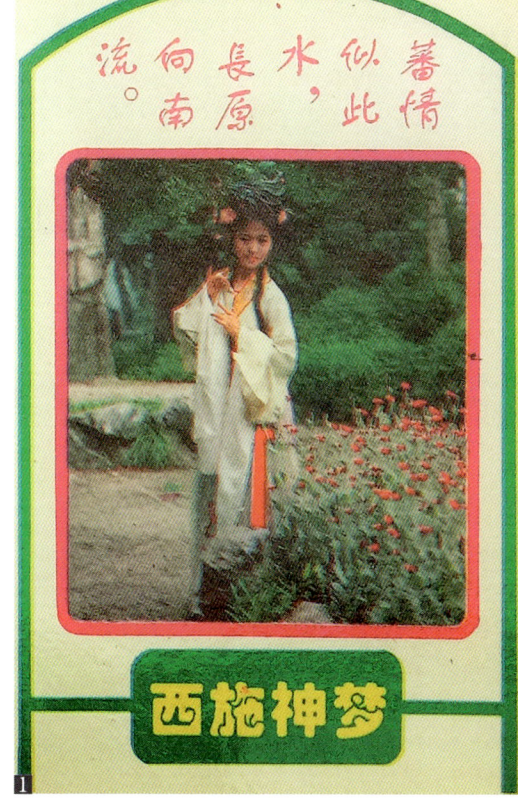

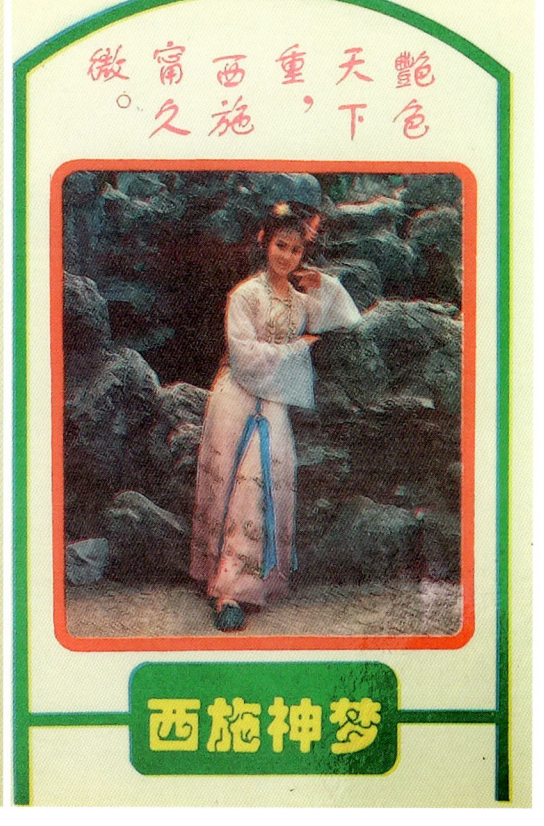

永憶當時倚面時移。立，	流水十年間，歡笑情如舊。
西施神梦	**西施神梦**
舊情似水，向長流原。南。	艷色天下重，西施寧久微。
西施神梦	**西施神梦**

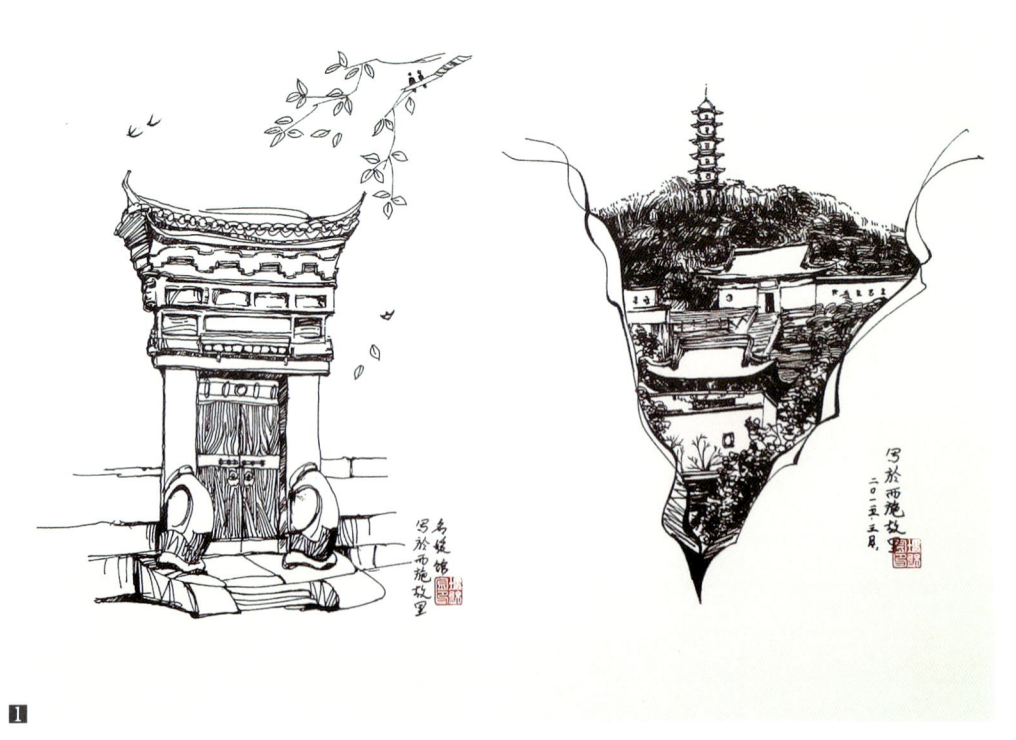

1 手绘西施故里明信片（一组12张）

西施浣纱

春秋战国时期，越国有一个叫西施的浣纱美女，她在河边浣纱时，鱼儿看见她的倒影，忘记了游水，渐渐地沉到河底。

1

1. 五泄飞瀑明信片
2. 西施故里个性化邮票
3. 中国诸暨·越国古都 西施故里个性化邮票
4. 会稽山古香榧群个性化邮票

商 标

诸暨商标注册历程：从起步到繁荣的跨越式发展

1930年左右，诸暨开始使用注册商标，其中有南阳蚕种场的"五路财神"、东埭糕蚕种场的"三星"、鸿运蚕种场的"红云"、均康蚕种场的"狮子"等蚕种商标，以及经成丝厂的"西施"生丝商标。1950年，我国开始实行商标注册制度。至1961年，全县注册的商标有诸暨食品厂的"飞龙"牌棒冰等5个。后商标注册工作停止。

1979年10月，有"越峰"牌电扇等10个商标登记注册。同年11月，恢复商标统一注册制度，实行省、县两级核转，由中央商标局核准。至1987年底，注册商标共计280个。

1981年3月，对全县1954个有证企业进行了验证检查。1983年3月，《商标法》生效实施，商标注册制度由全面注册改为自愿注册。1989年，上报申请注册商标94个，核准注册57个，全市实有注册商标达到370个。

2012年，全市递交商标注册申请2090个，核准注册连同上年部分申请的共计3254个。是年，全市实有注册商标2.01万个，其中商品注册商标1.67万个，农副产品注册商标1310个，服务商标2099个，自然人注册商标134个，境外注册商标1497个。[1]

---

1. 诸暨市地方志编纂委员会办公室编：《诸暨市志（1979—2012）》，浙江古籍出版社，2021年。

使用商品：9类　弹簧
注册人：浙江省诸暨弹簧总厂有限公司

使用商品：25类　鞋
注册人：诸暨直埠第二工艺鞋厂

使用商品：12类　挂车制动应急继动阀
注册人：诸暨市东星机械有限公司

使用商品：丰球水泵
注册人：诸暨水泵厂

使用商品：30类　茶
注册人：诸暨市云剑茶业有限公司

使用商品：25类　羽绒服装
注册人：浙江诸暨倍斯特羽绒制品有限公司

使用商品：25类　袜、袜裤
注册人：诸暨市佳易袜业有限公司

使用商品：33类　白酒
注册人：诸暨市同山高粱酒厂

使用商品：7类　袜机
注册人：诸暨市大唐叶晓针织机械厂

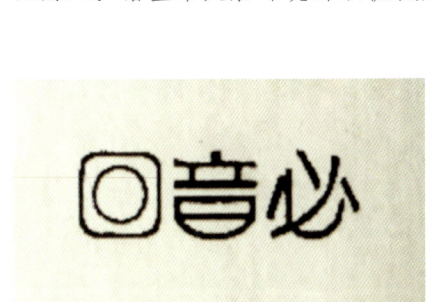

使用商品：水泥
注册人：浙江双鹰企业集团有限公司

使用商品：5类　新药、成药（含片）
注册人：浙江亚东制药有限公司

使用商品：16类　卫生纸
注册人：诸暨市叶蕾卫生用品有限公司

使用商品：31类　饲料
注册人：浙江省诸暨市壮泰饲料有限公司

使用商品：11类　波纹金属软管
注册人：诸暨市永杰空调附件厂

使用商品：25类　袜
注册人：双双集团有限公司

使用商品：226类　拉链头拉链配件
注册人：浙江恒安压铸有限公司

使用商品：7类　截止阀、冷凝器
注册人：盾安控股集团有限公司

使用商品：11类　太阳能热水器
注册人：诸暨市中天太阳能设备制造有限公司

使用商品：31类　活动物
注册人：诸暨市粮油畜产外贸有限公司

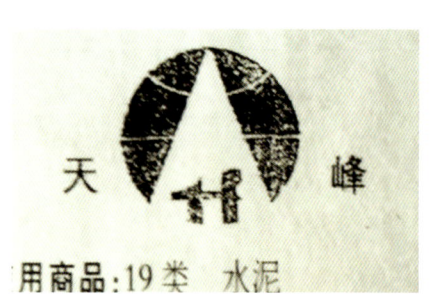

使用商品：19类　水泥
注册人：浙江天洁水泥有限公司

使用商品：19类　水泥
注册人：浙江兆山建材集团有限公司

使用商品：山灵　破碎机
注册人：诸暨有色冶金机械总厂

使用商品：富润　服装
注册人：浙江针织厂

使用商品：12类　汽车制动系统部件
注册人：诸暨市工正汽车配件厂

使用商品：25类 服装
注册人：浙江情森制衣有限公司

使用商品：6类 弹簧
注册人：诸暨市康宇弹簧有限公司

使用商品：19类 水泥
注册人：浙江诸暨八方水泥有限责任公司

使用商品：11类 空调调节器
注册人：诸暨市浩海空调器制造有限公司

使用商品：25类 袜、裤袜
注册人：诸暨市开耀袜业有限公司

使用商品：晶美珍珠粉
注册人：浙江省诸暨市晶美珍珠粉厂

使用商品：五特 蜂窝煤炉
注册人：诸暨市五特炉具厂

使用商品：7类 链条
注册人：诸暨市滚子链条制造有限公司

使用商品：联谊　链条
注册人：浙华诸暨链条制造厂

使用商品：7类　绣花机
注册人：诸暨市现代缝制设备制造有限公司

使用商品：团结　链条
注册人：诸暨链条总厂

使用商品：西施　啤酒
注册人：诸暨市啤酒厂

使用商品：11类　空调过滤网
注册人：浙江诸暨金海三喜空调网业有限公司

使用商品：25类　服装
注册人：浙江省诸暨市鹏鸣时装有限公司

使用商品：步森　衬衫、运动服装、防寒服
注册人：浙江诸暨步森制衣有限公司

使用商品：33类　酒
注册人：绍兴市枫桥酒厂

使用商品：11类 管道、排水管道设备
注册人：浙江楠丰管道工业有限公司

使用商品：6类 铜管、铜棒、铜板
注册人：海亮集团有限公司

使用商品：洁丽雅 毛巾
注册人：浙江洁丽雅毛巾有限公司

使用商品：25类 袜、裤袜
注册人：浙江申佰利袜业有限公司

使用商品：20类 藤家具
注册人：诸暨市斯奥藤业制衣厂

使用商品：31类 梨、杨梅、樱桃
注册人：诸暨市花果山庄有限公司

使用商品：李字蚊香
注册人：诸暨市化工日用品厂

使用商品：32类 纯净水
注册人：诸暨市高山泉纯净水有限公司

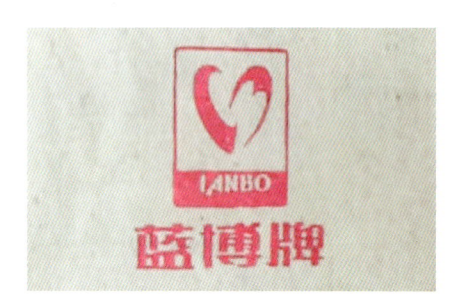

使用商品：6类　普通金属网
注册人：诸暨市蓝博空调网业有限公司

使用商品：7类　缝纫、制鞋工业用机械
注册人：诸暨市缝制设备厂

使用商品：29类　加工过的香榧、加工过的花生、精制坚果仁
注册人：诸暨市稽峰土特产食品厂

使用商品：输灰机械电除尘器
注册人：浙江菲达机电集团有限公司

使用商品：5类　珍珠粉
注册人：浙江长生鸟药业有限公司

使用商品：25类　服装
注册人：浙江神鹰集团有限公司

使用商品：12类　刹车片、汽车零件
注册人：诸暨市金德利摩擦材料有限公司

使用商品：7类　截止阀、限压阀、冷凝器
注册人：盾安集团有限公司

使用商品：25类　袜子、裤袜
注册人：诸暨市丽成针织厂

使用商品：11类　手电灯、应急灯、书写灯
注册人：浙江侣光电器实业有限公司

使用商品：7类　电脑绣花机
注册人：诸暨超越机电设备制造有限公司

使用商品：29类　香榧、花生
注册人：诸暨绿剑农产品有限公司

使用商品：24类　布、毛料布
注册人：诸暨市中强纺织有限公司

使用商品：37类　建筑
注册人：浙江八达建设集团有限公司

使用商品：17类　保温用非导热材料
注册人：诸暨市亿霸龙保温材料有限公司

使用商品：3类　焗油膏
注册人：诸暨市贝丝特日用化学品有限公司

使用商品：23类　弹力丝、纱线
注册人：诸暨绍弹化纤有限公司

使用商品：7类　电脑绣花机
注册人：诸暨市鲁班机电制造有限公司

使用商品：25类　袜子
注册人：浙江袜业有限公司

使用商品：西施美人　茶叶
注册人：绍兴越江茶业有限公司

使用商品：14类　珍珠（珠宝）、珍珠饰品
注册人：浙江山水珠宝有限公司

使用商品：14类　珍珠、装饰品（珠宝）
注册人：浙江山下湖珍珠集团股份有限公司

使用商品：11类 冷却设备和装置、热交换
注册人：诸暨市中天工业有限公司

使用商品：25类 袜子
注册人：浙江开侗服饰有限公司

使用商品：14类 珍珠、小饰物
注册人：浙江思尔珠宝首饰有限公司

使用商品：11类 管道、水暖配套用管件
注册人：浙江申丰管业有限公司

使用商品：35类 广告、广告代理
注册人：诸暨市勤＋缘礼仪广告有限公司

使用商品：9类 蓄电池、照明用电池
注册人：浙江鑫立电源有限公司

使用商品：37类 建筑、室内装潢
注册人：浙江祥生房地产开发有限公司

使用商品：11类 管道
注册人：浙江康亿管业有限公司

商标样稿	商标类别	注册号码	商标名称	注册日期	截止日期	注册人	商品/服务组别
	1	587104	诸矿ZK	1992-03-20	2002-03-19	诸暨市矿山制品厂	0104
	1	632679	寿音	1993-03-10	2013-03-09	诸暨市紫西像形珍珠加工厂	0104
	1	644362	豪森 HAOSEN	1993-06-07	2003-06-06	诸暨化工研究所	0102
	1	653280	双舟	1993-08-14	2003-08-13	诸暨市东南精细化工厂	0102;0104
	2	638054	映红	1993-04-21	2003-04-20	诸暨市栎江魏家彩色印刷厂	0204
	3	156789	西施XISHI	1993-03-01	2003-02-28	浙江省诸暨市龙风化妆品厂	0306
	3	606549	海贝	1992-08-20	2002-08-19	诸暨市化学品厂	0301;0306
	4	588482	开拓KAITUO	1992-03-30	2002-03-29	诸暨阮市合成材料厂	0404

商标样稿	商标类别	注册号码	商标名称	注册日期	截止日期	注册人	商品／服务组别
	5	565015	天竺	1991-09-20	2001-09-19	诸暨市枫桥天竺珍珠粉厂	0501
	5	566177	驻春	1991-09-30	2011-09-29	浙江省诸暨市天然医药保健品厂	0501
	5	568292	绿宇	1991-10-20	2021-10-19	绍兴天诺农化品有限公司	0505
	5	587220	越翠 YUECUIYC	1992-03-20	2002-03-19	浙江省诸暨市越翠实业有限公司	0501
	5	593663	美中宝	1992-05-10	2012-05-09	何桥水	0501
	5	593664	JIE MEI	1992-05-10	2012-05-09	诸暨市山下湖美中宝珍珠粉厂	0501
	5	594835	梅蓉 MEIRONGMR	1992-05-20	2002-05-19	浙江省诸暨市梅蓉医药保健品厂	0501
	5	593680	皓馨	1992-05-10	2012-05-09	浙江诸暨正真保健品有限公司	0501

商标样稿	商标类别	注册号码	商标名称	注册日期	截止日期	注册人	商品/服务组别
	5	594988	苏杭 SUHANG	1992-05-20	2002-05-19	浙江省诸暨市苏杭保健品公司	0501
	5	607800	图形	1992-08-30	2012-08-29	诸暨市怡祥珍珠营养品厂	0501
	5	619548	珠力神	1992-11-30	2002-11-29	浙江省诸暨市珠力神医用品有限公司	0502
	5	615554	神力宝 SHENLIBAO	1992-10-30	2002-10-29	诸暨市天然元素厂	0501
	5	626117	晶美	1993-01-20	2023-01-19	浙江省诸暨市晶美珍珠粉厂	0501
	5	626125	仙梅 XIANMEI	1993-01-20	2003-01-19	诸暨市珠宝粉首饰经营部	0501
	5	626126	越球	1993-01-20	2003-01-19	浙江省诸暨市越翠实业有限公司	0501
	5	629934	雷学餐	1993-02-20	2003-02-19	诸暨市第二中药饮片厂	0501

商标样稿	商标类别	注册号码	商标名称	注册日期	截止日期	注册人	商品/服务组别
	5	637427	FAYIFAFAYIFA	1993-04-14	2003-04-13	浙江省诸暨市健美室营养礼品厂	0502
	5	642086	俏丽	1993-05-21	2013-05-20	诸暨市俏丽药业有限公司	0501
	6	584990	浣纱 HUANSHA	1992-02-28	2002-02-27	诸暨市铝合金钢门窗厂	0603
	6	591568	HSHS	1992-04-20	2002-04-19	诸暨市锁厂	0610
	6	604486	钱江QJ	1992-07-30	2002-07-29	诸暨市纱筛厂	0605
	6	604622	枫桥	1992-07-30	2002-07-29	诸暨市东一电器五金厂	
	6	608539	永弓	1992-08-30	2002-08-29	浙江省诸暨市动力弹簧厂	0608
	6	618775	越剑YJ	1992-11-20	2002-11-19	诸暨市标准件厂	0608

商标样稿	商标类别	注册号码	商标名称	注册日期	截止日期	注册人	商品/服务组别
	6	663573	双第	1993-10-28	2013-10-27	浙江双第弹簧有限公司	0612
	6	657515	建谊JIANYI	1993-09-14	2003-09-13	浙江省诸暨防腐管道厂	0601
	6	660538	金玺JX	1993-10-07	2003-10-06	浙江省诸暨市大唐锁厂	0610
	7	539471	畅达	1991-01-10	2001-01-09	诸暨市联谊弹簧厂	0610
	7	539488	久久JIUJIU	1991-01-10	2001-01-09	浙江省诸暨市通用弹簧厂一分厂	0750
	7	539492	固GUZI	1991-01-10	2001-01-09	诸暨市弹簧制造厂分厂	0750
	7	539459	合兴HX	1991-01-10	2001-01-09	诸暨市合金弹簧厂	0610
	7	564354	鲨鱼SHARK	1991-09-10	2011-09-09	浙江凯达机床股份有限公司	0742

商标样稿	商标类别	注册号码	商标名称	注册日期	截止日期	注册人	商品/服务组别
	7	568677	旱涝	1991-10-20	2011-10-19	诸暨市大隆机械配件厂	0749
	7	575863	上峰	1991-12-20	2001-12-19	诸暨市微型特种电机厂	0748
	7	584919	五达 WUDA	1992-02-28	2002-02-27	诸暨市湄池工程机械配件厂	0730
	7	596610	诸灵	1992-05-28	2002-05-27	诸暨市轴承厂	0738;0750
	7	600594	汇丰	1992-06-30	2002-06-29	诸暨市宜东农具厂	0701
	7	607134	顺达	1992-08-20	2002-08-19	诸暨市钢筘厂	0706
	7	611008	MTMT	1992-09-20	2002-09-19	诸暨市密封件弹簧厂	0750
	7	616201	双穗	1992-10-30	2002-10-29	诸暨市农业机械厂	0701

商标样稿	商标类别	注册号码	商标名称	注册日期	截止日期	注册人	商品/服务组别
	7	620124	野猪	1992-11-30	2002-11-29	诸暨市农机五金实验厂	0742
	7	623955	SANGNASANGNASN	1992-12-30	2002-12-29	诸暨市杨梅桥金岭冷冻机械配件厂	0749
	7	625336	恒光 HENGGUANG	1993-01-10	2003-01-09	诸暨市安华东风机钻厂	0742
	7	628032	越宝	1993-01-30	2013-01-29	诸暨市噪声治理建筑设备厂	0750
	7	653536	矿建 KUANGJIAN	1993-08-14	2003-08-13	诸暨矿山机械厂	0730;0734;0749
	7	663457	双第 S	1993-10-28	2003-10-27	诸暨市密封件弹簧厂	0750
	8	567824	炯苗 JIONGMIAOJM	1991-10-10	2001-10-09	诸暨市西山五金刀具厂	0810
	8	621408	达江	1992-12-10	2002-12-09	诸暨市达江日用品五金厂	0801

商标样稿	商标类别	注册号码	商标名称	注册日期	截止日期	注册人	商品／服务组别
	8	625355	888	1993-01-10	2003-01-09	浙江省诸暨市皇汇电器厂	0806
	9	539591	星飞 XF	1991-01-10	2001-01-09	诸暨市电子器材厂	0913
	9	549639	诸安 ZA	1991-04-20	2001-04-19	诸暨市新一安保部件厂	0916
	9	572064	永配 YONGPEIYP	1991-11-20	2001-11-19	诸暨市店口磁性器材厂	0913
	9	572065	越王 YUEWANG	1991-11-20	2001-11-19	诸暨电器二厂	0913
	9	572066	西施	1991-11-20	2001-11-19	诸暨市石壁蓄电池厂	0922
	9	582440	99	1992-02-10	2002-02-09	浙江省诸暨特种蓄电池厂	0922
	9	608271	神工 SHENGONGSG	1992-08-30	2002-08-29	诸暨市安全节能设备厂	0913

商标样稿	商标类别	注册号码	商标名称	注册日期	截止日期	注册人	商品／服务组别
	9	609893	花泉	1992-09-10	2002-09-09	诸暨市化泉自动仪表厂	0913
	9	623875	继发JF	1992-12-30	2002-12-29	诸暨市新江电器厂	0913
	9	623874	暨关	1992-12-30	2012-12-29	诸暨市乔达开关设备有限公司	0906;0913
	11	539411	玉鸟	1991-01-10	2001-01-09	诸暨市大气净化设备厂	1106
	11	553445	西施亭	1991-05-28	2001-05-29	诸暨电器一厂	1106
	11	573173	五特WT	1991-11-30	2001-11-29	诸暨市五特炉具厂	1104
	11	569759	越光YG	1991-10-30	2001-10-29	浙江省诸暨市节能器具厂	1107
	11	579837	亨利HENGLI	1992-01-20	2002-01-19	诸暨市红湖机械厂	1104

商标样稿	商标类别	注册号码	商标名称	注册日期	截止日期	注册人	商品/服务组别
	11	613661	灵龙	1992-10-10	2012-10-09	诸暨市灵龙炉具厂	1104
	11	625150	露峰 LUFENG	1993-01-10	2003-01-09	诸暨市连湖电器厂	1101
	11	623767	江辉 JIANGHUI	1992-12-30	2002-12-29	诸暨市江藻电器厂	1101
	11	623768	JIABIAN	1992-12-30	2002-12-29	诸暨市大唐庵弹簧汽车附件厂	1106
	11	662617	九山 JIUSHAN	1993-10-21	2003-10-20	诸暨电热仪器厂	1106;1107;1111
	11	662629	声佳	1993-10-21	2013-10-20	诸暨市杨梅桥食品机械配件厂	1111
	12	549680	银浪	1991-04-20	2001-04-19	诸暨市南苑车辆配套厂	1202
	12	551674	金亚 JINYAJY	1991-05-10	2001-05-09	诸暨市白塔湖汽配弹簧厂	1202

商标样稿	商标类别	注册号码	商标名称	注册日期	截止日期	注册人	商品/服务组别
金路	12	551679	金路 JINLUJL	1991-05-10	2001-05-09	诸暨市紫西民光汽拖附件厂	1202
晓阳 xiaoyang	12	551673	晓阳 XIAOYANGXY	1991-05-10	2001-05-09	诸暨市衬套厂	1202
双华 SHUANGHUA	12	551677	双华 SHUANGHUA	1991-05-10	2001-05-09	诸暨市店口侨华五金厂	1202
海飞 hai fei	12	551678	海飞 HAIFEI	1991-05-10	2001-05-09	诸暨市通用机件厂	1202
军声	12	552651	军声 GS	1991-05-20	2001-05-19	诸暨市气喇叭厂	1202
高精 GAOJING	12	560239	高精 GAOJING	1991-07-30	2001-07-29	诸暨市店口申达汽拖配件厂	1202
鼎铭 DINGMING	12	560241	鼎铭 DINGMING	1991-07-30	2001-07-29	诸暨市机械件厂	1202
清峰 QINGFENG	12	560240	清峰 QINGFENG	1991-07-30	2001-07-29	浙江省诸暨市湄池汽车器材厂	1202

商标样稿	商标类别	注册号码	商标名称	注册日期	截止日期	注册人	商品／服务组别
	12	560261	诸工	1991-07-30	2011-07-29	诸暨市合金轴瓦厂	1202
	12	567836	路安 LUAN	1991-10-10	2001-10-09	诸暨市湄池路西机械配件厂	1202
	12	567825	双虎	1991-10-10	2001-10-09	诸暨市紫西开关厂	1202
	12	572103	诸配	1991-11-20	2001-11-19	诸暨市第二汽车配件厂	1202
	12	572104	沪兴 HUXINGHX	1991-11-20	2001-11-19	诸暨市建工机械制造厂	1202
	12	567826	梨林 LILIN	1991-10-10	2001-10-09	诸暨市汽车工程机配厂	1202
	12	574596	月泉	1991-12-10	2001-12-09	诸暨市店口农机综合厂	1202
	12	573308	峰山	1991-11-30	2001-11-29	诸暨市湄池铜件厂	1202

商标样稿	商标类别	注册号码	商标名称	注册日期	截止日期	注册人	商品／服务组别
	12	573309	星飞 XF	1991-11-30	2001-11-29	诸暨市农用车件厂	1202
	12	575907	申 SHEN	1991-12-20	2001-12-19	诸暨市铜配件厂	1202
	12	577212	灵宝 LB	1991-12-30	2001-12-29	诸暨市东三新兴汽车附件厂	1202
	12	577205	平云 PINGYUN	1991-12-30	2001-12-29	诸暨市店口建设衬套厂	1202
	12	584851	闪星 SHANXING	1992-02-28	2002-02-27	诸暨市冶金厂	1202
	12	584852	先锋 XIANFENG	1992-02-28	2002-02-27	诸暨市店口先锋汽配厂	1202
	12	584853	星鹿	1992-02-28	2002-02-27	诸暨市轴套厂	1202
	12	586228	鼎锚	1992-03-10	2002-03-09	诸暨市气门嘴厂	1202

商标样稿	商标类别	注册号码	商标名称	注册日期	截止日期	注册人	商品／服务组别
	12	609764	佳安 JIAAN	1992-09-10	2002-09-09	诸暨市东三汽拖附件厂	1202
	12	620086	卉	1992-11-30	2002-11-29	诸暨市越光机械厂	1202
	12	616176	湄江 MJ	1992-10-30	2002-10-29	诸暨市湄池工农机配厂	1202
	12	625375	川达 CD	1993-01-10	2003-01-09	诸暨市湄池衬套厂	1202
	12	624025	奇玛 QM	1992-12-30	2002-12-29	诸暨市铜件厂	1202
	12	661535	精新	1993-10-14	2003-10-13	诸暨市汽车齿轮箱部件厂	1202
	12	658501	双杭 SHUANGHANG	1993-09-21	2003-09-20	诸暨市新兴汽配厂	1202
	12	661533	图形	1993-10-14	2003-10-13	诸暨市桥年消声器厂	1202

商标样稿	商标类别	注册号码	商标名称	注册日期	截止日期	注册人	商品/服务组别
	12	665617	亚力 ASIAPOWER	1993-11-14	2003-11-13	诸暨市汽冷机械厂	1202
	12	667497	旗峰 QIFENG	1993-11-28	2003-11-27	诸暨市机械软管厂	1202
	12	667496	力件	1993-11-28	2013-11-27	诸暨市动力件厂	1202
	13	578533	西施 XISHI	1992-01-10	2002-01-09	诸暨市化泉齐村花炮厂	1303
	14	558785	四明 SIMINGSM	1991-07-20	2001-07-19	诸暨市江南工艺首饰厂	1403
	16	620402	多丽	1992-11-30	2012-11-29	诸暨市绘图仪器厂	1616
	16	621755	青森 QINGSEN	1992-12-10	2002-12-09	诸暨市三都区三武餐巾纸厂	1603
	16	628310	炯苗 JIONGMIAO	1993-01-30	2003-01-29	诸暨市西山纸品厂	1603

商标样稿	商标类别	注册号码	商标名称	注册日期	截止日期	注册人	商品／服务组别
	16	640862	越女	1993-05-07	2003-05-06	诸暨市城关造纸厂	
	17	539961	泽苗 ZEMIAOYM	1991-01-10	2001-01-09	浙江诸暨市农用水带厂	1704
	17	539990	安平	1991-01-10	2021-01-09	诸暨市金桥实业有限公司	
	17	565817	图形	1991-09-20	2001-09-19	诸暨市橡胶玩具厂	1702
	17	606339	浣纱	1992-08-10	2002-08-09	浙江省诸暨市越山塑料厂	1706
	17	633576	节灵	1993-03-10	2013-03-09	诸暨市蓝天非金属工艺研究所	
	19	547967	金湖	1991-03-30	2001-03-29	诸暨市矿山制品厂	1902
	19	573515	西施	1991-11-30	2001-11-29	诸暨市瓷厂	

商标样稿	商标类别	注册号码	商标名称	注册日期	截止日期	注册人	商品/服务组别
	19	594359	万峡W	1992-05-10	2002-05-09	诸暨丰山水泥有限公司	1904
	19	594371	天竺亭	1992-05-10	2002-05-09	诸暨市枫桥玻璃马赛克厂	1906
	20	624275	仙阁	1992-12-30	2002-12-29	诸暨市安华仙阁工艺厂	2011
	20	652983	柯梦KM	1993-08-07	2003-08-06	诸暨市第一沙发厂	2001
	21	588190	机车JICHE	1992-03-20	2002-03-19	浙江省诸暨搪瓷厂	2101；2106
	21	597055	顺旅 SHUNLU	1992-05-28	2002-05-27	浙江省诸暨市时代旅游用品厂	2101
	21	603438	图形	1992-07-20	2002-07-19	浙江省诸暨日用品五金厂	2115
	21	613995	向农XN	1992-10-10	2002-10-09	诸暨市农用塑料制品厂	2106

商标样稿	商标类别	注册号码	商标名称	注册日期	截止日期	注册人	商品／服务组别
	22	628195	海鹤	1993-01-30	2003-01-29	诸暨市南方化纤加弹厂	2205
	23	570338	飞铃	1991-10-30	2001-10-29	诸暨市童装制线厂	2302
	23	579484	洁银	1992-01-20	2002-01-19	诸暨市大唐庵针织加弹厂	2301
	23	597268	渔橹 YULUYL	1992-05-28	2002-05-27	诸暨市渔橹制线厂	2302
	23	625831	越珠 YUEZHUYZ	1993-01-10	2003-01-09	浙江中周实业有限公司	2301
	24	585355	悠扬 YOUYANG	1992-02-28	2002-02-27	诸暨市毛纤精纺织厂	2401
	24	603773	梦迷 MM	1992-07-20	2002-07-19	诸暨市地毯工贸公司	2406
	24	621899	罗曼司 LMSLMS	1992-12-10	2002-12-09	浙江省诸暨市丰山针纺厂	2401

商标样稿	商标类别	注册号码	商标名称	注册日期	截止日期	注册人	商品／服务组别
	24	643718	暨阳JIYANG	1993-05-28	2003-05-27	诸暨市王沙溪纺织厂	2401
	24	654619	仙霞 XIANXIA	1993-08-21	2003-08-20	浙江省诸暨毛纺织厂	2401
	24	655676	桑塔	1993-08-28	2003-08-27	诸暨市丝绒被厂	2406
	24	656754	HD	1993-09-07	2003-09-06	浙江江达织染有限公司	2401
	25	539731	直上 ZHISHANG	1991-01-10	2001-01-09	诸暨市直上鞋厂	2507
	25	539722	广友 GUANGYOUGY	1991-01-10	2001-01-09	浙江省诸暨市广友鞋业有限公司	2507
	25	541752	仙翎XL	1991-01-30	2001-01-29	诸暨市二轻针织厂	2501
	25	541755	浩友 HAOYOUHY	1991-01-30	2001-01-29	诸暨市福利鞋厂	2507

商标样稿	商标类别	注册号码	商标名称	注册日期	截止日期	注册人	商品／服务组别
	25	544703	狮象 SHIXIANG	1991-02-28	2001-02-27	浙江诸暨侨慈针织制衣厂	2501
	25	563657	厅峰	1991-08-30	2001-08-29	诸暨市福利皮件厂	2507
	25	569108	新宇 XY	1991-10-20	2001-10-19	诸暨市直埠新宇鞋厂	2507
	25	572413	西爵 XIJUE	1991-11-20	2001-11-19	诸暨市直埠大隆皮鞋	2507
	25	579428	浙阳 ZHEYANGZY	1992-01-20	2002-01-19	诸暨皮革厂	2501
	25	586648	珊瑚园	1992-03-10	2012-03-09	诸暨市直埠华艺鞋厂	2507
	25	636943	瑞星	1993-04-07	2003-04-06	浙江中周实业有限公司	2509
	25	593350	傅富 FUFU	1992-04-30	2002-04-29	诸暨市直埠晚浦鞋厂	2507

商标样稿	商标类别	注册号码	商标名称	注册日期	截止日期	注册人	商品/服务组别
	25	594501	宙峰 ZHOUGFENG	1992-05-10	2002-05-09	浙江凯阳鞋业有限公司	2507
	25	598127	正茂 ZHENGMAOZM	1992-06-10	2002-06-09	诸暨市如意鞋厂	2501;2507
	25	600953	汇行 H	1992-05-20	2002-06-29	诸暨市华联制鞋厂	2507
	25	604749	亚水 YSSHUIYS	1992-07-30	2002-07-29	诸暨市直埠亚水鞋厂	2507
	25	603534	步森 BUSEN	1992-07-20	2002-07-19	浙江步森集团有限公司	2501
	25	606007	枫霞	1992-08-10	2012-08-09	诸暨市枫霞袜厂	2509
	25	607437	瑶宫 YAOGONG	1992-08-20	2002-08-19	上海徐汇鞋厂诸暨佳佳分厂	2507
	25	607401	庙西 MIAOXI	1992-08-20	2002-08-19	诸暨市庙西旅游鞋厂	2507

商标样稿	商标类别	注册号码	商标名称	注册日期	截止日期	注册人	商品／服务组别
	25	607442	工农 GN	1992-08-20	2002-08-19	浙江省诸暨市针织雨衣厂	2504
	25	610072	媛雅 YUANYA	1992-09-10	2002-09-09	诸暨市华美鞋厂	2507
	25	620308	曼瑞 MANRUI	1992-11-30	2002-11-29	浙江省诸暨市衬衫厂	2501
	25	619260	群哈 QUNHAQH	1992-11-20	2002-11-19	诸暨市直埠娇娇鞋厂	2507
	25	620290	奔诚 BENCHENG	1992-11-30	2002-11-29	浙江诸暨服装联营总厂	2501
	25	620292	老百姓 LAOBAIXING	1992-11-30	2002-11-29	寿奎军	2507
	25	620527	勾峰 GOUFENG	1992-11-30	2002-11-29	诸暨市化工胶鞋厂	2507
	25	625725	沪冠	1993-01-10	2013-01-09	诸暨市西施鞋业有限公司	2507

商标样稿	商标类别	注册号码	商标名称	注册日期	截止日期	注册人	商品/服务组别
	25	625732	太鉴 TAIJIANTJ	1993-01-10	2003-01-09	诸暨市直埠双羽鞋厂	2507
	25	624440	宇方美	1992-12-30	2002-12-29	诸暨市直埠佳丽鞋厂	2507
	25	625679	磊峰 LEIFENG	1993-01-10	2003-01-09	诸暨市安华镇民生袜厂	2509
	25	625765	越琳 YL	1993-01-10	2003-01-09	浙江加越针织服装有限公司	2501
	25	630913	万程 WC	1993-02-20	2003-02-19	诸暨市东昂针织袜厂	2509
	25	636942	黎虹 LIHONG	1993-04-07	2003-04-06	诸暨市直埠新乐鞋厂	2507
	25	642709	神影 SY	1993-05-21	2003-05-20	俞根法	2501
	25	642697	万里香	1993-05-21	2013-05-20	诸暨市五泄五荣针织厂	2509

商标样稿	商标类别	注册号码	商标名称	注册日期	截止日期	注册人	商品／服务组别
康海	25	647918	康海	1993-06-28	2003-06-27	钟百万	2505
达里 D	25	654818	达里	1993-08-21	2013-08-20	浙江省诸暨市鸿事实业有限公司	2509
登宇 DENG YU	25	661692	登宇 DENGYU	1993-10-14	2003-10-13	诸暨市电机针织品厂	2509
小茴香	25	656829	小茴香	1993-09-07	2003-09-06	诸暨市牌头无明袜厂	2509
泰鑫	25	654765	泰鑫 TX	1993-08-21	2003-08-20	诸暨市宝乐袜厂	2509
威诺斯	25	661845	威诺斯	1993-10-14	2013-10-13	王保和	2501
红桥	25	623110	红桥	1992-12-20	2002-12-19	浙江省诸暨市红桥袜厂	2509
XIANLING	26	652980	XIANLING	1993-08-07	2003-08-06	诸暨市二轻针织厂	2601

商标样稿	商标类别	注册号码	商标名称	注册日期	截止日期	注册人	商品/服务组别
	28	598470	园 YUANYUAN	1992-06-10	2002-06-09	诸暨市橡塑管厂	2802
	29	544658	乡香	1991-02-28	2011-02-27	诸暨市天子仙炒货厂	2911
	29	552298	诸乐	1991-05-20	2001-05-19	浙江省诸暨市蔬菜公司	2913
	29	562854	西施 XISHI	1991-08-30	2001-08-29	诸暨市茶果服务站	2908
	29	665034	鸡冠山 JIGUANSHAN	1993-11-14	2003-11-13	诸暨市地瓜蜜饯厂	2904
	30	552298	诸乐	1991-05-20	2001-05-19	浙江省诸暨市蔬菜公司	3002
	30	560843	西施 XISHI	1991-08-10	2001-08-09	诸暨市茶果服务站	3002
	30	648205	石笕 SHIJIAN	1993-07-07	2003-07-06	诸暨市茶果服务站	3002

商标样稿	商标类别	注册号码	商标名称	注册日期	截止日期	注册人	商品／服务组别
	30	652375	西施	1993-08-07	2003-08-06	诸暨市面粉厂	3006;3008;3009
	30	654241	越翠YUECUIYC	1993-08-21	2003-08-20	诸暨市珠糖果厂	3004
	30	665058	万象春	1993-11-14	2003-11-13	绍兴市枫桥酒厂草塔分厂	3015
	31	632521	盛大	1993-03-10	2003-03-09	诸暨市福利配合饲料厂	3108
	31	638225	暨大	1993-04-21	2003-04-20	诸暨市饲料工业公司	3108
	32	593823	赛美SAIMEI	1992-05-10	2002-05-09	浙江赛西施首饰有限公司	
	32	621163	奥仙	1992-12-10	2012-12-09	诸暨越凤西施饮品有限公司	3201
	32	621164	越凤	1992-12-10	2012-12-09	诸暨越凤西施饮品有限公司	3201

商标样稿	商标类别	注册号码	商标名称	注册日期	截止日期	注册人	商品／服务组别
	33	562982	升腾	1991-08-30	2011-08-29	诸暨市升腾酒厂	3301
	33	567230	南狮NANSHI	1991-10-10	2001-10-09	诸暨市新枫跃酒厂	3301
	33	591116	洩峰	1992-04-20	2002-04-19	诸暨市安平酒厂	3301
	33	594755	康奇 KANGQIKQ	1992-05-20	2002-05-19	浙江省诸暨市泰康酿酒厂	3301
	33	597567	涅镇	1992-06-10	2002-06-09	诸暨市安平酒厂工农分厂	3301
	33	622489	大唐古楼	1992-12-20	2002-12-19	诸暨市大唐酒厂	3301
	33	654139	王冕	1993-08-21	2003-08-20	浙江省诸暨稻麦原种场酒厂桥亭加工场	3301
	1	615808	凯迪	1992-10-30	2022-10-29	诸暨市纤维素厂	0104

商标样稿	商标类别	注册号码	商标名称	注册日期	截止日期	注册人	商品／服务组别
TURA 都拉	3	629967	都拉 TURA	1993-02-20	2033-02-19	浙江嘉美日用化工有限公司	0301;0302;0303;0304;0305;0306;0307;0308
Crusader 柯鲁塞德	3	629974	柯鲁塞德 CRUSADER	1993-02-20	2033-02-19	浙江嘉美日用化工有限公司	0301(1);0302;0303;0304;0305;0306;0307
	5	602647	李	1992-07-20	2032-07-19	浙江李字日化有限责任公司	0505
	5	605213	春宝	1992-08-10	2032-08-09	浙江恒珍堂药业有限公司	0501
	5	610407	不凡	1992-09-20	2022-09-19	诸暨生命之光珍珠有限公司	0501
	5	649005	李	1993-07-14	2033-07-13	浙江李字日化有限责任公司	0505
	7	539484	五泄	1991-01-10	2031-01-09	诸暨市动力弹簧厂	0750
	7	546642	丰球	1991-03-20	2031-03-19	丰球集团有限公司	0749

商标样稿	商标类别	注册号码	商标名称	注册日期	截止日期	注册人	商品/服务组别
	7	563281	众擎	1991-08-30	2031-08-29	浙江众擎起重机械制造有限公司	0734
	7	577042		1991-12-30	2031-12-29	浙江恒久传动科技股份有限公司	
	7	625338		1993-01-10	2033-01-09	浙江鲁顺实业有限公司	0742
	7	648675	团结	1993-07-07	2033-07-06	诸暨链条总厂	0750
	11	618934	浣纱	1992-11-20	2022-11-19	诸暨市浣纱机电厂	1101
	12	616180	盾安	1992-10-30	2032-10-29	浙江迪艾智控科技股份有限公司	1202;1203
	12	624003	三中	1992-12-30	2032-12-29	浙江三中机械有限公司	1202
	19	540945	天峰	1991-01-20	2031-01-19	兆山集团有限公司	1904

商标样稿	商标类别	注册号码	商标名称	注册日期	截止日期	注册人	商品／服务组别
	19	552846	圣宫	1991-05-20	2031-05-19	浙江墨城水泥有限公司	1904
	19	610031	绿化	1992-09-10	2022-09-09	诸暨市诸联电力机械设备有限公司	1906
	25	541749	鹏鸣	1991-01-30	2031-01-29	浙江省诸暨市鹏鸣时装有限公司	2501
	25	594450	上冠	1992-05-10	2032-05-09	浙江上冠鞋业有限公司	2507
	25	607359	康琪雅	1992-08-20	2022-08-19	浙江康琪雅针织有限公司	2509
	25	654817	富润	1993-08-21	2023-08-20	富润控股集团有限公司	2501；2509；2510；2511；2512
	29	587981	吹牛	1992-03-20	2032-03-19	何汉国	2911
	30	665088	旺达福	1993-11-14	2023-11-13	诸暨市旺达福食品有限公司	3004；3006

注：表中空白处为缺失信息。

编后语

首先,非常感谢您阅读本书。编写这本书的初衷是通过这些历史票证和邮品向大家介绍诸暨相关的知识和历史背景。同时,本人也希望通过本书让更多的人了解诸暨的人文历史以及这些历史票证和邮品所代表的意义。

在编写本书的过程中,得到了很多专家和朋友的支持和帮助。他们不仅提供了宝贵的资料,还帮助本人解答了许多问题。在此,本人向这些专家表示诚挚的感谢。

本书收录的票证和邮品种类繁多,有契税、证件、邮政邮票、明信片、信封、入场券、门票、演唱会票以及部分优惠券等。这些票证和邮品都是诸暨历史文化的缩影,记录了诸暨的风俗民情,见证了历史的瞬间。这些票证和邮品背后隐藏着无数故事和历史事件,无声地诉说着诸暨的过去。

希望通过本书,让更多的人了解诸暨的历史,让更多的人对这些历史和文化产生兴趣。同时,也希望本书能够搭建起一个票证和邮品爱好者们交流的平台,让大家共同分享这些历史票证和邮品所代表的历史和文化,互相学习,共同成长。

最后,感谢广大读者对本书的支持和厚爱。谢谢!

图书在版编目（CIP）数据

方寸诸暨 / 章顺铁编著. -- 杭州 : 浙江人民美术出版社, 2024.11

ISBN 978-7-5751-0018-2

Ⅰ. ①方… Ⅱ. ①章… Ⅲ. ①邮品－介绍－诸暨 Ⅳ. ①G262.2

中国国家版本馆 CIP 数据核字(2023)第 224546 号

责任编辑　吴　杭
责任校对　董　玥
责任印制　陈柏荣

方寸诸暨

章顺铁 / 编著

出版发行：浙江人民美术出版社
　　　　　（杭州市环城北路177号）
经　　销：全国各地新华书店
制　　版：杭州舒卷文化创意有限公司
印　　刷：浙江海虹彩色印务有限公司
开　　本：889mm×1194mm 1/16
印　　张：16.5
字　　数：220千字
版　　次：2024年11月第1版
印　　次：2024年11月第1次印刷
书　　号：ISBN 978-7-5751-0018-2
定　　价：320.00元

如发现印装质量问题，影响阅读，请与承印厂联系调换。